William MacDonald

Ist die Bibel Wahrheit?

Indizien und Bestätigungen
für die Vertrauenswürdigkeit der Bibel

betanien

1. Auflage der Neuausgabe 2001
4., überarbeitete Auflage 2009
8. Auflage 2019

© 1958, 1972, 2001 by William MacDonald

© der deutschen Ausgabe 2001 by Betanien Verlag
Postfach 14 57 · 33807 Oerlinghausen
www.betanien.de · info@betanien.de

Frühere Ausgabe unter dem Titel *Dein Wort ist Wahrheit*
bei Christliche Verlagsgesellschaft, Dillenburg

Dieses Buch war ursprünglich ein Emmaus-Fernbibelkurs.
Das Prüfungsheft zu dieser Ausgabe ist erhältlich bei:
Emmaus Fernbibelschule · Postfach 260 · CH-8501 Frauenfeld
www.emmaus.ch · office@emmaus.ch

Übersetzung: Hans-Werner Deppe
unter Berücksichtigung der früheren Übersetzung
von Matthias Boddenberg, Dieter Boddenberg
Umschlaggestaltung: Lucian Binder, Marienheide
Herstellung: Drusala.cz

ISBN 978-3-935558-04-4

Inhaltsverzeichnis

Kapitel 1

Ist die Bibel Gottes Wort?

Der christliche Glaube beruht darauf, dass die Bibel von Gott inspiriert und unfehlbar ist. Der wahre Christ glaubt an die Bibel als das absolut maßgebliche Wort Gottes. Nur durch die Bibel konnte er überhaupt Christ werden, denn nur durch dieses Wort Gottes konnte er einsehen, dass er ein verlorener Sünder ist, und allein durch dieses Wort konnte er den Weg der Errettung erkennen: Zum ewigen Leben errettet wird man, wenn man an das stellvertretende Opfer des Sohnes Gottes glaubt, ihn als persönlichen Retter annimmt und sich zu ihm als Herrn bekennt (Römer 10,1-17).

Es wird manchmal treffend gesagt: »Der Glaube ist zwar unerklärbar, aber nicht unvernünftig.« Anders gesagt: Echter Glaube ist zwar das Gegenteil von Zweifel und deshalb zweifelt der Gläubige nicht an Gottes Offenbarung, aber dennoch wird er nicht mit abgeschaltetem Verstand, sondern mit *Vernunft* an die Offenbarung Gottes herangehen. Jemand hat dies so zusammengefasst: »Ein Atheist hat Vernunft, aber keine Hoffnung, auf die er mit seiner Vernunft hoffen könnte. Ein nur äußerlich religiöser Mensch hat Hoffnung, aber keine vernünftige Grundlage dafür. Aber ein Christ hat beides: eine vernünftige Grundlage für seine Hoffnung und eine Hoffnung, auf die er mit seiner Vernunft hoffen kann!«

Was ist »Inspiration«?

Die Bibel sagt über sich selbst, dass sie inspiriert ist. Eine der wichtigsten Aussagen dazu findet sich in 2. Timotheus 3,16-17: »Alle Schrift ist von Gott eingegeben und nützlich zur Lehre, zur Überführung, zur Zurechtweisung, zur Unterweisung in der Gerechtigkeit, damit der Mensch Gottes richtig sei, für jedes gute Werk ausgerüstet.« Der Ausdruck »von Gott eingegeben« ist im griechischen Grundtext ein einziges Wort (*theopneustos*), das so viel bedeutet wie »von Gott gehaucht«. Als Gott den Menschen schuf, »hauchte er in seine Nase Atem des Lebens; so wurde der Mensch eine lebende Seele« (1. Mose 2,7). Ebenso hat Gott seinen Geist als biblische Schriften ausgehaucht und somit sein lebendiges Wort gegeben (Hebräer 4,12). Daher meinen wir mit »Inspiration«, dass der Heilige Geist die Autoren der Bibel leitete und antrieb (wobei er ihre jeweilige Persönlichkeit bestehen und in den Bibeltext mit einfließen ließ). Was die Bibelautoren schrieben, war also *das tatsächliche Wort Gottes*. Um die biblische Lehre von der Inspiration zu verstehen, sollte man z. B. folgende Verse der Bibel aufmerksam lesen:

Niemals wurde eine [biblische] Weissagung durch den Willen eines Menschen hervorgebracht, sondern von Gott her redeten Menschen, getrieben vom Heiligen Geist (2. Petrus 1,21).

… keine Worte, gelehrt durch menschliche Weisheit, sondern gelehrt durch den Geist, indem wir Geistliches durch Geistliches deuten (1. Korinther 2,13).

Der Geist des HERRN hat durch mich geredet, und sein Wort war auf meiner Zunge (2. Samuel 23,2).

Deshalb, wie der Heilige Geist [im Alten Testament] spricht: »Heute, wenn ihr seine Stimme hört …« (Hebräer 3,7).

Trefflich hat der Heilige Geist durch Jesaja, den Propheten, zu euren Vätern geredet … (Apostelgeschichte 28,25).

Gott hat dem Menschen die Fähigkeit gegeben, seine Gedanken anderen durch Worte mitzuteilen. Es liegt also nahe, dass Gott selbst seine Gedanken ebenfalls durch Worte mitteilt.

Diese Mitteilungen Gottes, die er von Menschen aufschreiben ließ, finden wir in der Bibel. Das Buch der Bücher ist voll von Ausdrücken wie »Und Gott sprach«, »So spricht der Herr«, »Gott redete diese Worte« usw.

Die Indizien für die Inspiration der Bibel

Dieses kleine Buch will einen Indizienbeweis für die Inspiration der Bibel liefern. Niemand braucht blindlings zu glauben, dass die Bibel Gottes Wort ist, denn für diesen Glauben lassen sich zahllose Begründungen anführen. Wenn ein Christ zu einem Skeptiker sagt: »Ich glaube, dass die Bibel das inspirierte Wort Gottes ist«, erhält er womöglich die Antwort: »Aber mit dieser Behauptung hast du noch lange nicht bewiesen, dass sie tatsächlich stimmt!« Wenn der Christ dann darauf verweist, dass viele berühmte Personen an die Bibel geglaubt haben, provoziert er vielleicht nur die Entgegnung: »Vielleicht haben sie sich alle geirrt, denn Irren ist menschlich.« Auch der Hinweis auf die weltweite Übersetzung und Verbreitung der Bibel als Bestätigung dafür, dass sie wahr ist, kann leicht abgewiesen werden: »Auch das beweist nicht, dass sie von Gott inspiriert ist. Ich möchte konkrete und unbestreitbare Beweise, bevor ich die Bibel als Wort Gottes annehmen kann.« Können solche Beweise erbracht werden?

Um an diese Herausforderung heranzugehen, wollen wir zunächst drei grundsätzliche Fragen klären:

1.) Ist eine solche Offenbarung von Gott überhaupt möglich? Anders gesagt: Kann der Schöpfer mit seinen Geschöpfen kommunizieren? Die Antwort darauf muss unumgänglich Ja lauten.
2.) Ist eine solche Offenbarung wahrscheinlich? Vernünftigerweise ist davon auszugehen, dass der Schöpfer seine Gedanken und seinen Willen den Menschen mitteilen möchte. Auch diese Frage müssen wir zwangsläufig bejahen.

3.) Gibt es tatsächlich eine solche Mitteilung Gottes? Die Bibel selbst lässt darin keinen Zweifel bestehen, denn sie erhebt definitiv den Anspruch, das Wort Gottes zu sein.

Aber wie lässt sich feststellen, ob dieser Anspruch berechtigt und wahr ist? Darauf gibt es eine ganz einfache Antwort: Die Bibel selbst ist der beste Beweis für ihre Echtheit. Als ein bekannter Prediger einmal gefragt wurde, wie er denn sicher sein könne, dass die Bibel Gottes Wort ist, antwortete er: »Weil ich sie gelesen habe.« Anders gesagt: In diesem Buch selbst fand er einen ausreichenden Beweis für dessen Echtheit.

Wenn wir einen Augenblick darüber nachdenken, werden wir feststellen, dass es tatsächlich so sein muss. Wenn die Bibel Gottes Wort ist, dann muss sie das vertrauenswürdigste Stück Literatur der ganzen Welt sein. Sie muss absolut zuverlässig sein. Wenn man ihre Wahrhaftigkeit erkennen will, kann man dazu nicht auf etwas angewiesen sein, was sich außerhalb der Bibel befindet, denn dann wäre dieser externe Beweis zuverlässiger als das Wort Gottes selbst. Das wäre aber in sich unlogisch. Wenn wir also prüfen wollen, ob die Bibel wirklich das vertrauenswürdigste Buch der Welt ist, müssen wir die Begründung für dieses Vertrauen in ihr selbst suchen.

Gott ist die alles überragende Person. Sein Wort ist absolut, endgültig und unumstößlich. Der beste Beweis für das, was er sagt, muss in seinen Worten selbst zu finden sein. Diese Tatsache wird in Hebräer 6,13 erwähnt, wo es heißt: »Gott … schwor bei sich selbst – weil er bei keinem Größeren schwören konnte.« Anders ausgedrückt: Gott konnte außerhalb von sich keine größere Autorität finden, die seine Aussagen bekräftigen konnte. Was er sagt, ist Wahrheit, weil er Gott ist. Wenn er spricht, muss man grundsätzlich anhand seiner Worte selbst feststellen können, ob seine Aussprüche wahr sind.

Das heißt nicht, dass es keinerlei andere Indizien gäbe, die die Bibel als Gottes Wort bestätigen. Solche Indizien gibt es zuhauf in den Bereichen Geschichtsschreibung, Prophetie und Naturwissenschaft. Wir nennen sie »externe Beweise für die Inspiration«. Logischerweise ist zu erwarten, dass die Schöpfung und Gottes Fügungen sein Wort als wahr bestätigen. Aber diese Indizien sind nebensächlich und zweitrangig. Der große Beweis für die Wahrhaftigkeit der Bibel ist die Bibel selbst.

Auf den nachfolgenden Seiten möchten wir zeigen, dass die Bibel sowohl ihr eigenes Zertifikat ist als auch durch externe Beweise bestätigt wird. Einige dieser Indizien und Beweise sind: die Lebensbeschreibung und die Abstammung des Herrn Jesus Christus, erfüllte Prophezeiungen und das Evangelium als Gottes Plan der Errettung.

Doch bevor wir uns Gedanken über diese Indizien machen, müssen wir uns zunächst mit einem Problem befassen, das mit den ursprünglichen Handschriften der Bibeltexte zu tun hat.

Wo sind die ursprünglichen Bibelhandschriften geblieben?

Wenn wir sagen, dass die Bibel wörtlich inspiriert ist (d. h. dass Gott den exakten Wortlaut inspiriert hat), meinen wir damit das ursprüngliche Niederschreiben oder Abfassen der biblischen Bücher. Wir glauben, dass nur diese ursprünglichen Handschriften unfehlbar waren. Bibelkritiker fragen nun sofort: »Wo sind denn diese ursprünglichen Handschriften geblieben?« Wir müssen zugeben, dass wir das nicht wissen. Aus irgendeinem Grund hat Gott es für richtig befunden, diese Originale nicht bis heute zu bewahren. Vielleicht wollte er damit verhindern, dass diese Originalhandschriften angebetet werden.

Bedeutet das nun, dass wir unseren verschiedenen Bibelausgaben nicht vertrauen können? Keineswegs. Wir sind zwar nicht im Besitz der Originale, doch verfügen wir über äußerst viele Abschriften, die über die Jahrhunderte erhalten geblieben sind. Unter diesen erhaltenen Handschriften gibt es zwar geringfügige Abweichungen, aber die bedeutende Tatsache ist: *Hinsichtlich der Lehren des christlichen Glaubens stehen alle Handschriften in völligem Einklang.* Zugegeben, es bestehen Abweichungen unter diesen Abschriften, aber keine einzige bedeutsame Lehre des Christentums ist von einem dieser umstrittenen Verse betroffen.

Dieser Umstand lässt sich veranschaulichen, wenn man andere historische Dokumente zum Vergleich heranzieht. Beispielsweise wurde viele Jahre nach dem Erlass der amerikanischen Unabhängigkeitserklärung das Original dieses historischen Dokuments zufällig in einem Lagerraum des Capitols in Washington gefunden. Doch abgesehen vom Sammlerwert dieses Papiers war dieser Fund nicht sonderlich wertvoll, denn es waren bereits Hunderte von Abschriften dieses Dokuments im Umlauf und bewiesen die Existenz und den Wortlaut dieses Originals. Das gleiche gilt für die Originalhandschriften der Bibel. Die enorme Vielzahl der bestehenden Abschriften weist die Existenz und den Wortlaut dieser Originale nach.

Als der Herr Jesus auf der Erde lebte, benutzte er eine bestimmte *Ausgabe* des Alten Testaments, da die Originalhandschriften nicht mehr existierten. Er verwendete mit Sicherheit eine hebräische Ausgabe, als er in der Synagoge vorlas (Lukas 4,16-17) und verfügte vielleicht sogar über die sogenannte *Septuaginta*, die damals aktuelle griechische Übersetzung des Alten Testaments. Doch wenn er das Alte Testament zitierte, sprach er davon stets als dem Wort Gottes, ganz gleich, welche Ausgabe er dabei verwendete (z. B. Matthäus 22,31-32). In gleicher Weise können wir heute anerkannte Bibelausgaben verwenden und sie mit voller Überzeugung als das Wort Gottes bezeichnen.

Jemand sagte einmal: »Ich erinnere mich, als ich zum lebendigen Glauben an meinen Herrn Jesus Christus kam, war es eine meiner ersten zutiefst ermutigenden Erkenntnisse: *Er bestätigte die Bibel absolut.* Und obgleich es unerklärliche Dinge in der Bibel gibt, die mich sehr verwundert haben, werde ich wegen dem Herrn Jesus diesem Buch nicht blind, sondern hochachtungsvoll vertrauen.«[1]

Ein anderer Autor stimmt mit dieser Ansicht von Herzen überein: »Die Beglaubigung der Bibel durch unseren Herrn Jesus Christus ist für den Gläubigen ein positiver Beweis, dass sie unerschütterlich fest steht. Alles, was Jesus sagt, muss wahr sein. Gegen seine Entscheidungen kann bei keinem Gericht Berufung eingelegt werden. Nichts beeindruckt mehr, als dass Jesus immer wieder die Bibel als wahr bestätigt. Über 400 Mal zitierte er das Alte Testament oder spielte darauf an. Wozu brauchen wir noch weitere Zeugen? Wir glauben, dass Christus Gott ist, und was er über die Bibel sagt, ist für uns das Ende aller Kontroversen.«[2]

Kapitel 2

Innere Hinweise auf die Glaubwürdigkeit der Bibel

Man kann ohne zu übertreiben sagen: Jede Seite der Bibel steckt voller »unabsichtlicher Zufälle« und »unabsichtlicher Beweise« dafür, dass sie wirklich das Buch von Gott ist. Als erstes werden wir uns mit der vollkommenen Einheit der Bibel befassen.

Die Einheit der Bibel

Die Einheitlichkeit der Bibel ist einer der schlagendsten Beweise für ihre Inspiration. Wäre sie von einem einzigen Menschen innerhalb einiger wenige Jahre geschrieben worden, würde es keineswegs überraschen, dass sich ihre einzelnen Kapitel so harmonisch zu einer vollständigen Geschichte und Botschaft zusammenfügen. Doch denken wir einmal über die schlichten Tatsachen nach, wie die Bibel entstanden ist. Ihre 66 Bücher wurden von mindestens 40 verschiedenen Autoren verfasst. Diese Autoren lebten nicht alle zur selben Zeit oder am selben Ort, und somit können sie wohl kaum zusammengearbeitet haben. Mose begann zum Beispiel um 1500 v. Chr. mit der Niederschrift der Bibel, und der Apostel Johannes vollendete die Bibel mit dem letzten Buch des Neuen Testaments etwa 96 n. Chr. Einzelne Bibelbücher wurden an weit voneinander entfernten Orten geschrieben, das Buch Hesekiel z. B. in Babylon und einige Paulusbriefe in Rom. Die Bibel wurde in drei verschiedenen Sprachen verfasst: Hebräisch, Chaldäisch und Griechisch. Außerdem schrieben ihre Autoren in verschiedenen Literaturstilen und aus unterschiedlichen Blickwinkeln. Die Bibel enthält Prosa und Poesie, göttliche Gesetze und irdische Philosophie, außerdem Theologie, Prophetie und Ethik.

Doch trotz all dieser Gegensätze ergänzen sich die einzelnen Teile zu einer einzigen, vollständigen Botschaft, die durch und durch von einer unbestreitbaren Einheit geprägt ist. Kein einziger Autor der Bibel widerspricht einem anderen. Egal ob das Thema Christus ist, das Gebet, Gottes Handeln mit den Menschen oder die Zukunft – die Bibel lehrt überall übereinstimmend dasselbe und ihre Teile ergänzen sich harmonisch. Nirgends gibt es sinnlose Wiederholungen. Alle Bestandteile zusammengenommen ergeben ein einstimmiges Gesamtbild.

Wie ist das zu erklären?

Die Autoren konnten sich offenbar nicht untereinander verständigen und absprechen, um eine derartige erstaunliche Einheit zustande zu bringen. Folglich muss es eine übermenschliche Erklärung geben, und so schließen wir, dass Gott die Autoren bei ihrer Niederschrift geleitet haben muss. Hinter diesen Schreibern muss ein »Chefredakteur« gestanden haben, der die Fäden der Jahrhunderte in der Hand gehalten und die einzelnen Stränge zu einem durchgängigen Muster verwoben hat. John Dryden drückte das in dichterischer Weise aus:

Wie ist es zu erklären, dass ungelernte Menschen
in unterschiedlichen Zeitaltern geboren
in verschiedenen Teilen der Welt aufgewachsen
solch harmonische Wahrheiten zusammenfügten?
Oder haben sie sich etwa allesamt verschworen,
um uns zu betrügen? Unter ungeahnten Leiden
wurde ihre Botschaft verschmäht,
wurden sie um ihren Lohn betrogen,
und der Märtyrertod war ihr Entgelt.
Kann es eine andere Erklärung geben,
als dass dieses Buch vom Himmel stammt?

Ein bekannter Gelehrter forderte die Bibelkritiker mit einem amüsanten Vergleich heraus:

Nehmen wir einmal an, in Berlin sollte eine Kathedrale gebaut werden, die alle Steinvorkommen in allen Bundesländern Deutschlands repräsentieren soll. Einige Bausteine werden aus den Moränen der Holsteinischen Schweiz geliefert, einige aus Steinbrüchen im Harz, aus dem Hessischen Bergland wird Sandstein herbeigeschafft, aus der Eifel Basaltgestein und aus dem Schwarzwald Granit. Die Steine haben alle vorstellbaren Größen und Formen – einige sind groß, andere klein oder mittel, manche sind würfelförmig, andere zylindrisch, konisch oder auch trapezförmig. Jeder Stein wird bereits am jeweiligen Steinbruch in seine endgültige Form zurechtgehauen. Kein einziger Stein wird nachträglich mit Hammer oder Meißel bearbeitet, nachdem er an der Baustelle angelangt ist. Wenn alle Steine an der Baustelle bereitliegen, machen sich die Bauarbeiter an die Arbeit.

Beim Errichten der Kathedrale stellen sie fest, dass jeder einzelne Stein hundertprozentig an seinen Platz passt und sich lückenlos an die umgebenden Steine schmiegt. Kein einziger Stein ist zuviel und keiner zu wenig. Schließlich werden die Bauarbeiter fertig, und vor den Augen der Berliner erhebt sich eine Kathedrale, die in ihrer Gestalt und in jedem Detail vollkommen ist: ihre Mauern, ihre Säulen, ihr Hauptschiff, ihre Bogengänge, ihre Querschiffe, ihr Chor, ihr Dach, ihre Zinnen und ihre Kuppel – alles ist perfekt, kein Stein ist übrig und keine Lücke leer geblieben, wo ein Stein fehlen könnte. Und dennoch wurde jeder Stein schon an seinem Ursprungsort in die endgültige Form gehauen.

Wie wäre das zu erklären? Auf eine sehr einfache und einleuchtende Weise: Hinter allen einzelnen Steinmetzen steht ein Meisterarchitekt, der das gesamte Bauwerk von

Anfang an geplant und jedem einzelnen Steinmetz die Arbeitsanweisungen erteilt hat.[3]

Wenn man glaubt, dass die Bibelautoren »rein zufällig« diese Einheit zustande gebracht haben, bedeutet das höchste Leichtgläubigkeit und Naivität, aber wenn man glaubt, dass Gott diese Männer beim Schreiben geleitet hat, ist das wahrer Glaube. *Leichtgläubigkeit* ist eine Art von Glauben, die tapfer etwas vermutet und annimmt, ohne weiter über Begründungen für diese Annahmen nachzudenken. *Glaube* hingegen erfordert die zuverlässigsten Begründungen und Erklärungen, und diese Grundlage findet der Glaube im Wort Gottes.

Wie sich die Bibel auf Menschen auswirkt

Ein weiteres aussagekräftiges Zeugnis für den göttlichen Ursprung der Bibel ist ihre Wirkung auf die Menschen, die an ihre Botschaft glauben. Wer könnte je zählen, wie viele Seelen sich durch dieses einzigartige Buch von der Finsternis zum Licht gewendet haben, vom Dreck zur Heiligkeit, von Verzweiflung zur Hoffnung und von Sünde zur Errettung? »Welch ein Segen war die Bibel für Tausende von Menschen in allen Zeiten! Sie ist ein Buch, das Wunder wirkt! Ihre Botschaft hat »Mörder, Diebe, Ehebrecher, Drogensüchtige und Wracks aus dem Abschaum der Gesellschaft gerettet. Kein von Menschen geschriebenes Buch hat das je bewirken können.«[4] Ein anderer Autor sagte: »Die Bibel belässt keinen Menschen so, wie sie ihn vorfindet, denn so oft jemand in die Bibel hineinschaut, verleiht sie ein Vorrecht, eröffnet sie eine Möglichkeit und legt sie Verantwortung auf.«[5]

Die Verbreitung der Bibel

Es wäre ein unmögliches Unterfangen, die enorme Anzahl von Bibeln und Bibelteilen zu zählen, die bis heute gedruckt und verbreitet wurden. »Die Bibel reist mehr Wegstrecken, fährt auf längeren Straßen, klopft an mehr Türen und spricht zu mehr Menschen in ihrer Muttersprache als jedes andere Buch, das in dieser Welt je gedruckt wurde oder gedruckt werden wird.«[6] Das allein beweist noch nicht, dass die Bibel inspiriert ist, doch vergrößert diese Tatsache die enorme Menge an Indizienbeweisen, die diese Schlussfolgerung unausweichlich machen.

Die Übersetzung der Bibel

Die gute Übersetzbarkeit der Bibel ist nicht die geringste ihrer vielen Qualitäten. Kein anderes Buch kann mit solcher Sprachgewalt und Klarheit in andere Sprachen übersetzt werden. Die Bibel oder Teile der Bibel sind einer Angabe von 1993 zufolge bisher in über 2000 Sprachen und Dialekte übersetzt worden.[7] 1971 waren es erst 1400 Sprachen. Diese gigantische Aufgabe bezeugt: Scharen von unermüdlichen und hochmotivierten Übersetzern haben erkannt, dass die Bibel kein Buch wie jedes andere ist, sondern das lebendige Wort Gottes.

Die Bewahrung der Bibel über die Zeit

Die Bewahrung der Bibel über all die Jahrhunderte ist ein ganz besonderes Wunder. Die Geschichtsschreibung berichtet von vielen Versuchen, die Bibel auszurotten oder ihren Gebrauch gänzlich zu unterbinden. Sowohl religiöse als auch weltliche Eiferer haben dieses verhasste Buch kritisiert, verboten und verbrannt und seine Asche in alle Winde zerstreut, aber sie vermochten nicht zu verhindern, dass kurz darauf die nächste Bibelausgabe vorlag. Dass die Bibel alle Angriffe überlebt hat, erklärte ein Dichter so:

Gestern stoppte ich bei einem Schmied zu einer Pause
und hörte schon von draußen den Amboss klingen.

Als ich dann in seine Werkstatt schaute,
sah ich viele abgenutzte Hämmer auf dem Boden,
die bei der jahrelangen Schmiedearbeit
verbraucht worden waren.

»Wie viele Ambosse
haben Sie gebraucht«, fragte ich,
»um all diese Hämmer so zuzurichten?«
»Nur einen einzigen«, sagte der Schmied,
und fügte augenzwinkernd hinzu:
»Wissen Sie – der Amboss nutzt die Hämmer ab,
und nicht umgekehrt.«

»Und genauso«, dachte ich bei mir,
»ist es mit dem Amboss des Wortes Gottes:
Seit Jahrhunderten schlagen
die Kritiker darauf ein,
und man hörte zwar, wie die Hämmer zu Boden fielen,
doch der Amboss blieb bis heute unbeschadet.«

Die Bibel kann zu allen Zeiten angewendet werden

Außerdem müssen wir bedenken, dass die Bibel im Gegensatz
zu anderen Büchern niemals aus der Mode kommt. Ihre Botschaft ist in Begriffen formuliert, die auf alle Zeiten zutreffen. Ihre Personen, Beispiele, Gleichnisse und Veranschauli-
chungen sind einfach zeitlos.

Die Bibel überwindet alle Gruppengrenzen

Die Bibel richtet sich an Menschen jeder Herkunft und
Kultur. Sie gilt für Arm und Reich, für die Jugend und die
Senioren, für Gebildete und Schüler. Wenn sie bloßes Men-
schenwerk wäre, müssten die Menschen in der Lage sein, ein

weiteres Buch mit derselben kulturübergreifenden Wirkung zu schaffen.

Die Bibel ist unerschöpflich

»Zu den vielleicht stärksten Beweisen für die Inspiration der Bibel gehört die Tatsache, dass man immer wieder neue Wahrheiten und Erkenntnisse aus ihr gewinnen kann, so oft man sie auch liest und so tiefgründig man sie auch studiert. Die gebildetsten Gelehrten sind die ersten, die zugeben, dass sie die in der Bibel enthaltenen Tiefen der Wahrheit noch nicht ergründet haben.«[8]

Die Bibel hat viel weitere Literatur geschaffen

Denken wir an die vielen Bücher, die über die Bibel geschrieben wurden: die Wörterbücher, die Auslegungen und Kommentare, die theologischen Werke, die Bibellexika, Studienmaterialien, Personenstudien, Lehrbücher und Predigtbände. Riesige Bibliotheken ließen sich damit füllen, und doch produzieren die Verlage immer noch mehr Literatur über die Bibel.

Die Bibel hat eine weltweite Bewegung hervorgerufen

Bedenken wir auch, wie viele humanitäre und soziale Einrichtungen gegründet wurden, weil die Bibel Menschen bewegt und motiviert hat. Außerdem könnten wir Missions- und Bibelschulen sowie theologische Seminare anführen, sogar ganze Universitäten, und nicht zuletzt unzählige Krankenhäuser, Waisenheime, Hilfsorganisationen, Missionswerke und Missionsgesellschaften. Die Zahlen lassen sich nicht vollständig erfassen, aber die Tatsachen sind überall um uns her ersichtlich. Charles Haddon Spurgeon sagte einmal: »Der Gott, der durch Waisenhäuser antwortet, der soll Gott sein.« Und das ist der Gott der Bibel.

Die Bibel ist rein (Psalm 119,140; Sprüche 30,5)

Die Reinheit der Bibel ist eine ihrer herausragenden Eigenschaften, wodurch sie sich von den Schriften aller anderen Religionen unterscheidet. Sie vermittelt die höchsten Moralmaßstäbe, und wenn sie Sünde beschreibt, so lässt sie diese abscheulich und ekelhaft erscheinen. Sie stellt kompromisslos die Boshaftigkeit des Menschen heraus, und zwar in einer Art und Weise, dass der Leser sich von einem solchen Verhalten angewidert abwendet.

Die Bibel ist »lebendiges Wort Gottes«

Die Bibel unterscheidet sich von anderen Büchern auch dadurch, dass sie lebendig ist. Das ist schwer zu beschreiben, aber einfach festzustellen. Sünder zucken zusammen, wenn das Wort Gottes auf sie angewendet wird, doch wenn sie mit politischen Themen oder aktuellen Ereignissen konfrontiert werden, reagieren sie gelassen. Auch Gläubige merken, dass das Wort Gottes mit erfrischender Kraft zu ihnen spricht und sie stärkt, und das sowohl durch Ermahnung und Korrektur als auch durch Unterweisung und Ermunterung. Die Bibel selbst sagt von sich, dass sie lebendig ist (Johannes 6,63; Apostelgeschichte 7,38; Hebräer 4,12; 1. Petrus 1,23).

Zusammenfassung

Wer die göttliche Inspiration der Bibel leugnet, begibt sich damit in eine schwierige Lage. Er sagt damit, dass die Bibel eben das nicht ist, was sie von sich behauptet: das Wort Gottes. Doch wenn sie nicht das Wort Gottes ist, ist sie Betrug und sollte verworfen werden. Und doch geben die meisten dieser Skeptiker zu, dass die Bibel ein gutes Buch sei – aber eben nicht unfehlbar. *Möchten* schlechte Menschen ein solches Buch schreiben? Sicherlich nicht! Ein Haus, das in sich gespalten ist, kann nicht bestehen. *Könnten* schlechte Menschen ein solches Buch schreiben? Auch das müssen wir entschieden verneinen! Ein schlechter Baum kann keine guten Früchte hervorbringen. Immer wieder gelangen wir zur selben unausweichlichen Schlussfolgerung: Die Bibel ist Gottes Buch und sein inspiriertes und unfehlbares Wort.

Kapitel 3

Erfüllte Prophetie

Hunderte von biblischen Prophezeiungen haben sich bisher bis aufs kleinste Detail erfüllt. So bestätigen sie unverkennbar den göttlichen Ursprung der Bibel. Wer ehrlich auf der Suche ist, muss auf jeden Fall beeindruckt sein von dem enormen Gewicht dieses Arguments. Gott selbst beruft sich darauf, dass sich seine Prophezeiungen erfüllt haben und somit beweisen, dass er selbst der Autor der Bibel ist:

> Sie sollen … verkünden, was sich ereignen wird: das Frühere, was war es? Verkündet es, damit wir es uns zu Herzen nehmen! Oder lasst uns das Künftige hören, damit wir seinen Ausgang erkennen! Verkündet das später Kommende, damit wir erkennen, dass ihr Götter seid! … Wer hat es von Anfang an verkündet, dass wir es erkannt hätten, und von jeher, dass wir sagen könnten: Richtig! … (Jesaja 41,20-26).

> Ich bin Jahwe, das ist mein Name. Und meine Ehre gebe ich keinem anderen, noch meinen Ruhm den Götterbildern. Das Frühere, siehe, es ist eingetroffen, und Neues verkündige ich. Bevor es aufsprosst, lasse ich es euch hören (Jesaja 42,8-9).

> Das Frühere habe ich längst schon verkündet. Aus meinem Mund ist es hervorgegangen, und ich habe es hören lassen; plötzlich tat ich es, und es traf ein (Jesaja 48,3; siehe auch 43,8-11).

Bei unserer Beschäftigung mit Prophetie müssen wir bedenken: Je mehr einzelne Details einer Voraussage enthält, desto weniger wahrscheinlich ist es, dass sich diese Details rein zufällig vollständig und in richtiger Reihenfolge erfüllen. Beispielsweise kann man die 3 Buchstaben A, B und C in 6 verschiedenen Kombinationen anordnen. Nimmt man jedoch 6 Buchstaben, A, B, C, D, E und F, so kann man daraus schon 720 verschiedene Kombinationen zusammenstellen. Wendet man dieses mathematische Gesetz auf biblische Prophezeiungen an, die 10 oder mehr Details enthalten, beträgt die Wahrscheinlichkeit, dass sich diese Prophezeiung »zufällig« in exakt der vorgegebenen Reihenfolge der Details erfüllt, 1 zu 3.628.800!

Zu den zahlreichen Beispielen erfüllter Prophezeiungen gehören die biblischen Voraussagen über das Volk der Juden, über Jesus Christus, über bestimmte Städte wie Jerusalem und Tyrus und andere Städte in Galiläa, über die vier Weltreiche, die der Prophet Daniel beschrieb und die sogenannten siebzig Jahrwochen Daniels.

Das Volk der Juden

Friedrich der Große sagte einmal zu einem seiner Adjutanten: »Liefern Sie mir mit einem Wort einen Beweis, dass die Bibel wahr ist!« Der Adjutant antwortete prompt: »Die Juden, Majestät.«[9] Der berühmte Philosoph Hegel sagte: »Meine Philosophie erklärt alles außer die Juden.« Das Phänomen des jüdischen Volkes ist deshalb so schwierig zu erklären, weil dieses Volk einen einzigartigen Platz in Gottes Plänen und Absichten einnimmt. Sein jahrtausendelanges Schicksal ist mit göttlicher Genauigkeit in der Bibel vorausgesagt, und seine Geschichte bestätigt klar und deutlich die Zuverlässigkeit dieser Prophezeiungen.

Dieses Volk wurzelt in der Berufung Abrahams, dem Gott verhieß: »Ich will dich zu einer großen Nation machen« (1. Mose 12,2). Aus menschlicher Sicht schien das sehr unwahrscheinlich, da Abraham im hohen Alter noch kinderlos war, doch ist es heute nur allzu offensichtlich, dass sich diese

Prophezeiung erfüllt hat. Außerdem sagte Gott zu Abraham: »In dir sollen gesegnet werden alle Geschlechter der Erde!« (Vers 3). Wie können alle Völker der Erde durch Abraham gesegnet werden? Durch den Herrn Jesus Christus, der ein direkter Nachkomme Abrahams ist (Matthäus 1,2.16; Lukas 3,34) und der ganzen Welt das Heil gebracht hat.

Gott hat an vielen Stellen der Bibel vorausgesagt, dass die Juden verfolgt und unter die Nationen zerstreut werden, wenn sie böse Wege einschlagen und nicht der Stimme des Herrn gehorchen:

> Und der HERR wird euch unter die Völker zerstreuen, und ihr werdet übrigbleiben, ein geringes Häuflein unter den Nationen, wohin der HERR euch führen wird (5. Mose 4,27).
>
> Und du wirst zum Entsetzen werden, zum Sprichwort und zur Spottrede unter allen Völkern, wohin der HERR dich wegtreiben wird (5. Mose 28,37).
>
> Und der HERR wird dich unter alle Völker zerstreuen von einem Ende der Erde bis zum andern Ende der Erde … Und unter jenen Nationen wirst du nicht ruhig wohnen, und deine Fußsohle wird keinen Rastplatz finden. Und der HERR wird dir dort ein zitterndes Herz geben, erlöschende Augen und eine verzagende Seele … (5. Mose 28,64-67, siehe auch 3. Mose 26,31-33; 5. Mose 29,18; Jeremia 9,15; Hesekiel 22,15; Sacharja 7,14).

Das Volk Israel ist mehrmals zerstreut worden. Die letzte und endgültige Zerstreuung geschah im Jahr 70 n. Chr., als Jerusalem vom römischen Feldherrn (und späteren Kaiser) Titus zerstört wurde und die überlebenden Juden buchstäblich unter die Nationen zerstreut wurden, wo sie den größten Teil der seither vergangenen zwei Jahrtausende zugebracht haben.

Eine weitere biblische Voraussage über dieses Volk besagt jedoch, dass die Juden trotz ihrer Zerstreuung niemals ihre ethnische Identität verlieren, sondern als besonderes und eigenständiges Volk erhalten bleiben sollten: »Siehe, ein Volk, das abgesondert wohnt und sich nicht zu den Nationen rechnet« (4. Mose 23,9). Das scheint widersinnig zu sein, denn wenn ein Volk erobert und besiegt wird und seine Überlebenden in Gefangenschaft geraten und weggeführt werden, dann löst es sich normalerweise mit der Zeit durch Mischehen und Aussterben auf und wird von den Völkern, unter denen es lebt, assimiliert. Mit den Juden geschah das jedoch nicht. Obwohl sie von den Nationen förmlich verschluckt wurden, hat sich dieses bemerkenswerte Volk niemals aufgelöst.

Da die Geschichte der Juden so exakt in der Bibel im Voraus beschrieben ist, kann man nur zugeben, dass die Bibel tatsächlich das Wort des lebendigen Gottes ist. Der englische Generalstaatsanwalt und Lordkanzler Erskine sagte einst: »Auch wenn alle anderen Zeugnisse für die Wahrheit der Bibel auf den Grund des Meeres versenkt würden, wären die weltweite Zerstreuung der Juden, ihre beispiellosen Leiden und ihre wunderbare Bewahrung ausreichend, um die Wahrheit der Bibel zu belegen.«[10]

Daniels Vorraussagen über vier Weltreiche

Im Buch Daniel, das 530 v. Chr. verfasst wurde, sagt der Prophet zweimal voraus, dass die jüdische Nation vier verschiedenen Weltreichen unterworfen sein wird. Im 2. Kapitel des Buches Daniel wird eine Vision beschrieben, die Gott dem babylonischen König Nebukadnezar gab. Er sah im Traum eine große Statue, die wie folgt aufgebaut war: 1.) Ihr Kopf war aus feinem Gold, 2.) ihre Brust und Arme waren aus Silber, 3.) ihr Bauch und ihre Hüften waren aus Bronze und 4.) ihre Beine waren aus Eisen und die Füße teils aus Eisen und teils aus Ton. Daniel deutete dieses Traumgesicht mit der ihm von Gott verliehenen Weisheit mit klaren Worten: Die Statue repräsentierte vier aufeinanderfolgende Weltreiche, die über die ganze Erde regieren sollten. Das erste Weltreich wird definitiv als das damals herrschende babylonische Reich angegeben: »... du (König Nebukadnezar) bist das Haupt aus Gold«.

In Daniel 7 hatte Daniel dann selber eine bestätigende Vision von 4 Tieren, die aus dem Meer aufstiegen: Die Tiere glichen 1.) einem Löwen, 2.) einem Bären, 3.) einem Leoparden und 4.) einem namenlosen Ungeheuer. Auch diese Tiere wurden – entsprechend den vier Teilen der Statue – als aufeinanderfolgende Weltreiche gedeutet. In Daniel 8 hatte der Prophet eine weitere Vision, und zwar von einem Widder und einem Ziegenbock, die ausdrücklich als die Weltreiche Medo-Persien und Griechenland identifiziert werden (Daniel 8,20-21).

Die faszinierende Tatsache ist, dass Israel im Lauf der Geschichte wirklich vier Weltreichen unterworfen war, und zwar *nur* vier. Zur Zeit der Visionen Daniels befanden sich die Juden in Gefangenschaft in *Babylon*. Das damals vorherrschende babylonische Reich wurde einige Jahre später durch die Militärgewalt der *Meder und Perser* gestürzt, die von da an die führende Weltmacht waren. Das medo-persische Reich wurde abgelöst durch *Griechenland*, das durch die Eroberungszüge Alexanders des Großen zur führenden Weltmacht aufstrebte. Das griechische Reich wiederum fiel den *Römern* zu. Seither waren die Juden zwar unter den verschiedenen anderen Nationen unterjocht, unter denen sie sich gerade aufhielten, aber niemals durch irgendein anderes Weltreich.

Die Prophezeiungen Daniels sind so detailliert und eindeutig beschrieben und haben sich derart exakt erfüllt, dass gebildete Ungläubige versucht haben, diesem Bibelbuch seine Echtheit abzusprechen. Sie behaupten, nicht Daniel habe es geschrieben, sondern jemand anderes, und zwar erst nachdem die vorausgesagten Ereignisse stattgefunden hatten. Dieser falsche Autor habe das Buch mit dem Namen Daniel versehen, um ihm Ansehen zu verleihen. Doch alle diese Widerlegungsversuche waren vergeblich. Zum Beispiel hat Sir Robert Anderson, seinerzeit führender Kopf von Scotland Yard, in einem einschlägigen Buch die Echtheit des Buches Daniel nachgewiesen.[11] Die erfüllten Prophezeiungen sind im Buch Daniel so offensichtlich, dass der säkulare und ungläubige Historiker Gibbons anerkennen musste: »Die vier Weltreiche sind klar skizziert, und die unbesiegbare römische Armee ist in den Prophezeiungen Daniels mit solcher Klarheit beschrieben wie in den Geschichtswerken von Justin und Diodorus.«[12]

Prophezeiungen über die Stadt Tyrus

Die Geschichte der antiken Stadt Tyrus liefert ein weiteres überzeugendes und unbestreitbares Beispiel für erfüllte Prophetie. Tyrus war ein großer Handelshafen am Mittelmeer und lag etwa 160 km nördlich von Jerusalem. Es war zum einen Teil auf dem Festland erbaut und zum anderen Teil auf einer Insel, die knapp 1 km vom Ufer entfernt lag. Die Zerstörung von Tyrus ist in Hesekiel 26 vorausgesagt und wurde etwa 588 v. Chr. mit göttlicher Genauigkeit niedergeschrieben. Man beachte folgende Details dieser Voraussage:

1.) Tyrus sollte vom babylonischen König belagert werden (Hesekiel 26,7).
2.) Die Steine, das Bauholz und der Schutt der Stadt sollten ins Meer geschüttet werden (Vers 12).
3.) Der Standort der Stadt sollte als blanker Felsblock zurückbleiben, auf dem die Fischer ihre Netze ausbreiten (Vers 14).
4.) Die Stadt sollte nie wieder aufgebaut werden (Vers 14).

Aus der Geschichtsschreibung wissen wir, was tatsächlich mit dieser großen Stadt geschah: Nebukadnezar belagerte sie etwa 13 Jahre lang. Vor dem endgültigen Sturz der Stadt brachten die Bewohner ihr Hab und Gut auf die nahegelegene Insel. Dank ihrer starken Flotte konnten sie sich dort noch lange verteidigen, nachdem der Stadtteil auf dem Festland bereits zerstört worden war.

Über zweihundert Jahre zogen ins Land. Im Jahr 332 v. Chr. stieß Alexander der Große auf seinem welteroberenden Feldzug mit seinen Truppen an die Küste von Tyrus, doch war er nicht imstande, die Inselfestung einzunehmen. Alexander beschloss daher, einen Damm zur Insel zu bauen. Dazu bediente er sich der Ruinen der zerstörten Stadt vom Festland – der Steine, des Holzes und des Schutts –, und warf dieses Material ins Meer, sodass der einstige Standort von Tyrus als nackter Felsen zurückblieb. Dann nahm er auch die Insel ein. Auf dem Festland ist Tyrus nie wieder aufgebaut worden, und noch heute breiten die Fischer dort ihre Netze zum Trocknen aus. Genauso war es vorausgesagt: »Ich werde dich zum kahlen Felsen machen; ein Trockenplatz für Netze sollst du werden, du wirst nicht wieder aufgebaut werden« (Hesekiel 26,14).

Wie ist es zu erklären, dass diese Prophezeiungen Hunderte von Jahren im Voraus aufgeschrieben und mit solch minutiöser Genauigkeit in Erfüllung gingen? »Es gibt nur eine Erklärung ... mit der sich der Verstand vollkommen zufrieden gibt: Hier spricht Gott, dessen Gedanken alle Zeiten umfassen und vor dem die Zukunft nicht verhüllt ist und der mit diesen Beweisen für seine Glaubwürdigkeit dem Herzen des Menschen die Gewissheit aufprägt: ›Der Himmel und die Erde werden vergehen, meine Worte aber sollen nicht vergehen‹ (Matthäus 24,35)«.[13]

Prophezeiungen über Christus

Von allen Prophezeiungen in der Bibel sind keine anderen so zahlreich oder ausführlich wie die vielen Voraussagen über den Herrn Jesus Christus. Seine Abstammung war vorausgesagt:

Er musste aus der Nachkommenschaft Abrahams sein (1. Mose 22,18), aus dem Stamm Juda (1. Mose 49,10) und aus dem Haus Davids (Jesaja 9,7). Es war prophezeit, dass er von einer Jungfrau geboren wird (Jesaja 7,14), und zwar in Bethlehem (Micha 5,1). Interessanterweise kommen in der Bibel zwei Orte namens Bethlehem vor. Das eine Bethlehem lag im Gebiet von Sebulon im Norden Israels (Josua 19,15), und das andere lag in Judäa und war auch unter dem Namen Efrata bekannt. Die Prophezeiung über den Geburtsort des Messias ist derart exakt, dass sie zwischen diesen beiden Orten unterscheidet: »Und du, Bethlehem Efrata, das du klein unter den Tausendschaften von Juda bist, aus dir wird mir der hervorgehen, der Herrscher über Israel sein soll; und seine Ursprünge sind von der Urzeit, von den Tagen der Ewigkeit her« (Micha 5,1).

Jesaja sagte voraus, dass der Messias von einem Vorboten angekündigt (Jesaja 40,3), vom Heiligen Geist gesalbt (11,2; 62,1) und sein Wirken in Galiläa beginnen werde (9,1-2). Es war vorausgesagt, dass ein vertrauter Freund ihn verraten wird (Psalm 41,9), und zwar zum Preis von 30 Silberstücken (Sacharja 11,12).

Die Umstände seines Todes am Kreuz waren im Alten Testament klar geschildert: Seine Hände und Füße sollten durchbohrt werden (Psalm 22,17); er sollte zusammen mit Verbrechern sterben (Jesaja 53,12); seine Peiniger sollten um seine Kleider losen (Psalm 22,19; vgl. Matthäus 27,35); Essig und Galle sollten ihm zu trinken gegeben werden (Psalm 69,22; vgl. Matthäus 27,47-48). Kein einziger Knochen sollte ihm gebrochen (Psalm 34,21; vgl. Johannes 19,36), aber seine Brust durchbohrt werden (Sacharja 12,10; vgl. Johannes 19,37). Sogar seine letzten Worte wurden genau vorausgesagt: »Mein Gott, mein Gott, warum hast du mich verlassen?« (Psalm 22,2; vgl. Matthäus 27,46). Er sollte stellvertretend für andere sterben (Jesaja 53,5.12). Seine Bestattung im Grab eines Reichen war vorausgesagt (Jesaja 53,9; vgl. Matthäus 27,57-60), ebenso wie seine Auferstehung (Psalm 16,10; vgl.

Apostelgeschichte 2,31) und Himmelfahrt (Psalm 68,19; vgl. Epheser 4,8).

Einige dieser Prophezeiungen wurden nicht weniger als 1600 Jahre vor Christi Geburt getroffen, und die letzten von ihnen wurden über 400 Jahre vor dem Kommen des Messias aufgeschrieben. Dabei ist diese kurze Zusammenfassung keineswegs eine vollständige Liste aller messianischen Prophezeiungen, denn es gibt etwa 300 solcher Voraussagen, die sich in Jesus Christus exakt erfüllt haben.

Welche Schlussfolgerung können wir daraus ziehen? Ein Autor schrieb darüber: »Wenn die Glaubwürdigkeit und Genauigkeit der Bibel vor Gericht juristisch geprüft würde und man dazu die Indizien heranzöge, welche die erfüllten Voraussagen der Bibel liefern, dann könnte in dieser Frage kein Zweifel bestehen bleiben. Kein Gericht könnte zu Recht oder mit Vernunft abstreiten: Eine überwältigende Menge verfügbarer aussagekräftiger Indizienbeweise zeigt eindeutig, dass die Bibel übernatürlichen Ursprungs ist. In den Voraussagen der Bibel könnte kein einziger Fehler gefunden werden.«[14]

Daniels Vision der siebzig Jahrwochen

Diese vielen Voraussagen über das Leben und Sterben Jesu Christi sind bereits faszinierend, doch der Prophet Daniel empfing in einer Vision eine noch erstaunlichere Prophezeiung: Hier wurde ihm der genaue Zeitpunkt mitgeteilt, wann der Messias ermordet werden würde – auf Jahr, Monat und Tag genau. Und diese Vision geschah 560 Jahre vor der Kreuzigung Jesu!

Diese erstaunliche Prophezeiung findet sich im 9. Kapitel des Buches Daniel. Die Berechnung ist an sich etwas kompliziert, doch der bereits erwähnte Leiter von Scotland Yard, Sir Robert Anderson, hat eine vorzügliche Interpretation dieser schwierigen Bibelstelle herausgearbeitet, die unter Bibelauslegern allgemein akzeptiert wird.[15]

Der betreffende Abschnitt aus Daniel (Kap. 9,25-27) lässt sich folgendermaßen zusammenfassen: Der Engel Gabriel sagte Daniel, dass vom Erlass, Jerusalem wieder aufzubauen, bis zum gewaltsamen Tod des Messias 7 + 62 »Wochen« vergehen, wobei das Wort »Wochen« einfach »Siebener« heißt und eine Periode von sieben Tagen oder auch sieben Jahren meinen kann. In diesem Fall kann es sich nur um Jahre handeln; die »Siebener« sind sozusagen »Jahrwochen«. Anders ausgedrückt, sollten vom Erlass, Jerusalem wieder aufzubauen, bis zum Tod des Messias 69 × 7 = 483 Jahre vergehen.

Der erwähnte Erlass zum Wiederaufbau der Stadt Jerusalem geschah vom persischen König Artaxerxes am 5. März 444 v. Chr., was wir aus der genauen Angabe in Nehemia 2,1-8 wissen. Würden wir von diesem Datum ausgehend den Zeitpunkt 483 Jahre später berechnen, kämen wir nach unserem Kalender auf das Jahr 39 n. Chr. Wir müssen die Berechnung jedoch etwas sorgfältiger gestalten. Nach jüdischer Zeitrechnung umfasste ein Jahr stets 360 Tage. 483 jüdische Jahre entsprechen also 173.880 Tage. Wenn wir dies nun auf unseren Kalender umrechnen und dabei noch die Schaltjahre berücksichtigen, erhalten wir für 173.880 Tage nach dem 5. März 444 v. Chr. als Ergebnis den 30. März 33 n. Chr. Jesus Christus wurde am Tag vor dem Passafest gekreuzigt, welches stets auf den 7. April fällt. Der 30. März 33. n. Chr. ist also ein vernünftiges Datum für den Beginn der Passionswoche des Messias. Die Prophezeiung ist also höchst exakt, da sie besagt, dass der Messias *nach* oder *am Ende von* den 7 + 62 Jahrwochen umgebracht wird.

Diese Prophezeiungen Daniels sind, wie die vielen anderen bereits erfüllten Voraussagen dieses Propheten, unbestreitbare Indizien für die göttliche Inspiration der Bibel. Sie erklären darüber hinaus, warum das Buch Daniel so oft und so lange das Ziel der vernichtenden Kritik von Bibelgegnern war.

Prophezeiungen über die Stadt Jerusalem

In Lukas 21,24 sagt der Herr Jesus: »Jerusalem wird zertreten werden von den Nationen, bis die Zeiten der Nationen erfüllt sein werden.« Seit der Zerstörung Jerusalems durch die Römer (70 n. Chr.) war die Stadt von Heiden beherrscht; das ist »die Zeit der Nationen«. Im Jahr 363 n. Chr. wollte ein römischer Kaiser namens Julian der Abtrünnige das Christentum schädigen, indem er den Juden erlaubte, ihren Tempel wieder aufzubauen. Doch der nichtchristliche Historiker Gibbon berichtet, dass »ein Erdbeben, ein Orkan und eine Feuersbrunst ... die neuen Grundmauern des Tempels umrissen und zerstörten«[16] und das Vorhaben so vereitelt wurde.

Nachdem gegen Ende des 19. Jahrhunderts mit der Zionismus-Bewegung eine Rückkehr der Juden nach Palästina begonnen hatte, wurde dort am 14. Mai 1948 der neue Staat Israel ausgerufen. Doch als die Grenzen des neuen Israels festgelegt wurden, befand sich damit das alte Jerusalem im Königreich Jordanien. Kurze Zeit später geriet die neue jüdische Armee in einen Konflikt mit der Arabischen Liga. Israel stürmte entschlossen die Altstadt von Jerusalem, doch als sie bereits kurz vor dem Sieg standen, schritten die Vereinten Nationen ein und riefen einen Waffenstillstand aus. Zwischen den beiden Armeen wurde ein Niemandsland eingerichtet und die Altstadt Jerusalems befand sich weiterhin in arabischer Hand. 1967 schließlich gelang es Israel im Sechstagekrieg die Altstadt zu erobern, doch bis heute behalten sich die Muslime unter Obhut der Uno das Recht vor, den einstigen Tempelplatz mit dem Felsendom und der Al-Aksa-Moschee als ihr Heiligtum zu belegen. Welchen unaufhörlichen Konflikt das bedeutet, ist uns aus den täglichen Nachrichten nur zu gut bekannt. Der Status von Jerusalem ist einer der heikelsten Zankäpfel der Weltpolitik.

Die oben zitierte Prophezeiung Jesu ist also gültig; Gottes

erwählter Ort der Anbetung wird weiterhin von Heiden zertreten, »bis die Zeit der Nationen erfüllt ist«.

Jesu Weherufe über galiläische Städte

Während seines Wirkens auf der Erde besuchte der Herr Jesus die galiläischen Städte Kapernaum, Chorazin, Bethsaida und Tiberias. Obwohl der Herr in den ersten drei dieser Städte beeindruckende Wunder wirkte, taten ihre Bewohner keine Buße. Deshalb sprach der Herr ein Wehe über diese drei Städte aus, was in Matthäus 11,21-24 nachzulesen ist. Über Tiberias sprach er dieses Wehe jedoch nicht aus.

Was ist im Lauf der Jahrhunderte aus diesen Städten geworden? Am nordwestlichen Ufer des Sees Genezareth finden sich Ruinen, die man für Überreste des alten Kapernaum hält. Nachgewiesen ist die genaue Lage dieses antiken Ortes jedoch nicht. Gleiches gilt für Chorazin und Bethsaida. Niemand weiß genau, wo diese Städte lagen. Sie sind untergegangen, doch Tiberias ist bis heute eine florierende Hafenstadt am Ufer des Sees Genezareth und hat die Unruhen der Jahrhunderte überstanden. Ist es bloßer Zufall, dass die drei vom Herrn verfluchten Städte verschwunden sind, während die eine nicht verfluchte Stadt erhalten blieb?

Zusammenfassung

Wir könnten zahlreiche Beispiele für weitere erfüllte Prophezeiungen anführen, doch diese sollten ausreichen, um zu zeigen, dass die Schreiber der Bibel von Gott inspiriert waren. Für den aufrichtigen Denker sind das überzeugende Anhaltspunkte. Ein bekannter Autor beschrieb treffend die hohe Bedeutung von erfüllten Prophezeiungen:

Erfüllte Prophetie ist ein starkes Indiz für die Inspiration, weil die biblischen Voraussagen künftiger Ereignisse so lange vor dem Eintreten der Ereignissen getroffen wurden, dass kein rein menschlicher Scharfsinn oder Weitblick sie vorausahnen konnte. Diese Voraussagen sind so detailliert, genau und konkret, dass jede Möglichkeit ausgeschlossen ist, dass es sich lediglich um glückliche Schätzungen handelte. Hunderte von Voraussagen über Israel, das Land Kanaan, Babylon, Assyrien, Ägypten und zahlreiche Personen – so alt, so einzigartig, so offensichtlich unwahrscheinlich und zugleich so detailliert und konkret, dass kein Sterblicher sie sich hätte ausdenken können – sind in Erfüllung gegangen unter Mitwirken der Naturgewalten oder von Menschen, die diese Voraussagen nicht kannten oder nicht glaubten oder sogar verzweifelt versuchten, ihre Erfüllung zu verhindern. Daher gilt es als sicher, dass die Schriften, die diese Voraussagen enthalten, inspiriert sind.«[17]

Jesus sagte zu seinen Jüngern im Zusammenhang einer Voraussage: »Und jetzt habe ich es euch gesagt, ehe es geschieht, damit ihr glaubt, wenn es geschieht« (Johannes 14,29). Glauben Sie ihm?

Kapitel 4

Die Bibel und die Naturwissenschaft

Argumente aus der Naturwissenschaft gehören zu den häufigsten Angriffen auf die Glaubwürdigkeit der Bibel. Wenn junge Christen in der Schule oder auf der Universität bekennen, dass sie an die Bibel glauben, ernten sie dafür meistens nur Spott oder ein mitleidiges Lächeln, da allgemein angenommen wird, die heutigen wissenschaftlichen Erkenntnisse seien mit der Bibel nicht in Einklang zu bringen. In Wirklichkeit kann es aber keinen Konflikt zwischen Bibel und wahrer Wissenschaft geben, denn der Gott, der die Bibel inspirierte, ist derselbe Gott, der das Universum erschaffen hat. Daher kann kein Widerspruch zwischen den Ergebnissen von Naturforschung und Bibelstudium bestehen. Wie sind dann aber die vielen wissenschaftlichen »Entdeckungen« zu erklären, die anscheinend absolut unvereinbar mit der biblischen Darstellungsweise sind?

Zunächst sei darauf hingewiesen, dass die Naturwissenschaftler selbst oft einen zweifachen Fehler begehen. Erstens versäumen sie häufig, zwischen Theorien und Tatsachen zu unterscheiden. Sie gründen ihre Schlussfolgerungen auf unvollständige Daten oder auf fehlerhafte Mess- und Bestimmungsmethoden. Zweitens lassen die Wissenschaftler bei ihren Erwägungen Gott außer Acht. Sie erkennen die Möglichkeit nicht an, dass Gott auf übernatürliche Weise in die Schöpfung eingreifen könnte. Sie übersehen, dass derselbe Gott, der die »Naturgesetze« erlassen hat, das Recht hat, diese Gesetze beizubehalten oder zeitweilig außer Kraft zu setzen, wann immer es ihm beliebt.

Außerdem müssen wir einsehen, dass die vermeintlichen Widersprüche zwischen Bibel und Wissenschaft zum Teil auf das Versäumnis der Christen zurückzuführen sind, zwischen dem zu unterscheiden, was die Bibel wirklich sagt, und dem, was Menschen sagen, es stünde angeblich in der Bibel. Auch die Christen müssen hier sorgfältig zwischen Theorie und Tatsache unterscheiden sowie zwischen menschlicher Auslegung und göttlicher Inspiration.

Aufgrund der Schwierigkeiten, denen junge Christen sich bei der Beschäftigung mit der Naturwissenschaft gegenübersehen, werden wir in diesem Buch kurz auf die wichtigsten Probleme in diesem Bereich eingehen. Zu den häufigsten Fragen gehört diese: Widerspricht die Bibel der Evolutionstheorie, oder ist es von der Bibel her denkbar, dass Gott die Evolution als Schöpfungsmethode verwendete? Wie können wir den Schöpfungsbericht mit den wissenschaftlichen Erkenntnissen über das Alter der Erde vereinbaren? Wie lassen sich die Fossilien von Dinosauriern und anderen prähistorischen Lebewesen erklären, wenn man an die buchstäbliche Schöpfung aus 1. Mose glaubt? Ist es nicht durch Fossilfunde bewiesen, dass es schon vor Millionen von Jahren Vorformen des heutigen Menschen gab? Und schließlich: Wäre es möglich, dass die Schöpfungstage keine 24 Stunden umfassten, sondern lange Zeitalter?

Die Bibel und die Evolutionstheorie

Gegenwärtig gibt es vier verschiedene Auffassungen über die Herkunft des Menschen:

1.) Die *atheistische Evolutionstheorie*. Sie sieht den Menschen als bloßes Ergebnis eines langen Evolutionsprozesses, der mit sehr einfachen Lebensformen begann. Sie kann den Ursprung des Lebens nicht erklären und kommt daher nicht weiter in Betracht.

2.) Die *theistische Evolutionstheorie*. Sie erkennt an, dass es einen Gott geben muss, der die ersten Lebensformen gebildet hat. Davon ausgehend behauptet diese Theorie jedoch, dass Gott dann mithilfe eines Evolutionsprozesses die Lebewesen weiterentwickelte und so schließlich den Menschen hervorbrachte.

3.) Die *progressive Schöpfungstheorie* ist ein Mittelweg zwischen theistischer Evolution und direkter Schöpfung. Diese Theorie geht von mehreren Schöpfungsakten Gottes aus und unterscheidet sich darin von der theistischen Evolution, doch andererseits beruft sie sich auf vermutete Naturgesetze, mithilfe derer Gott seinen Plan über einen langen Prozess verwirklicht habe.

4.) Die *spontane Schöpfungstheorie* versteht den Schöpfungsbericht wörtlich und glaubt, dass Gott Adam als moralisch verantwortliches Wesen mit Geist, Seele und Leib erschaffen hat. Diese Schöpfung vollzog sich demnach nicht im Laufe langer Zeiträume, sondern unmittelbar in nur einem Augenblick. Der Autor vertritt diese Sichtweise als das, was die Bibel lehrt.

Was hat es aber nun mit der Evolutionstheorie auf sich? Kann sie nicht irgendwie mit der Bibel in Einklang gebracht werden? Ein Problem bei der Beantwortung dieser Frage besteht darin, dass sich die Evolutionisten untereinander gar nicht einig sind, was diese Theorie eigentlich besagt. Aber um das Problem zu vereinfachen, wollen wir unter der Evolutionstheorie die Auffassung verstehen, der Mensch habe sich über lange Zeiträume aus niedrigeren Lebensformen entwickelt. Können wir einen solchen Entwicklungsprozess in den ersten Kapiteln von 1. Mose finden?

Die meisten Leser werden ohne weiteres zugeben, dass der Schöpfungsbericht aus 1. Mose 1 und 2 eine direkte Schöpfungshandlung beschreibt: Gott erschuf Adam durch eine konkrete schöpferische Handlung, sodass Adam von Beginn seiner Existenz an ein reifes, moralisch verantwortliches Geschöpf war und Verstand, Gefühle und einen eigenen Willen hatte. Die inbrünstigsten Verfechter der Evolutionstheorie geben zu, das ihre Auffassung daher nicht mit der Bibel vereinbar ist. T. H. Huxley sagte: »Wenn man die Evolution konsequent annimmt, ist es unmöglich, an die Bibel zu glauben.«[18]

Der biblische Schöpfungsbericht sagt ausdrücklich, dass der Mensch im Bild Gottes erschaffen wurde, Gott ähnlich (1. Mose 1,26-27). Wenn man behauptet, Menschen und Affen hätten einen gemeinsamen Vorfahren, und dieser gemeinsame Vorfahr sei ebenfalls im Bild Gottes geschaffen, ist das eine schlimme Gotteslästerung.

Römer 1,19-32 bestätigt, dass der Mensch von Anfang an (»seit Erschaffung der Welt«, Vers 20) volle moralische Erkenntnis und Verantwortung hatte. Durch die Schöpfung wusste er um die Allmacht und Erhabenheit Gottes. Er verwarf jedoch die Erkenntnis des wahren Gottes und wurde ein Götzendiener, der Bildnisse aus Holz und Stein anbetete. Infolgedessen versank er in die schlimmsten Formen der Unmoral. Dieser Abschnitt in Römer 1 beschreibt keinen aufsteigenden Evolutionsprozess, sondern vielmehr eine Degeneration und Zurückentwicklung auf niedrigere Ebenen. Die Entwicklung brachte keine Verbesserung hervor, sondern nur Verfall und Niedergang.

In 1. Mose 1 lesen wir zehn Mal, dass die Lebewesen »nach ihrer Art« erschaffen wurden und sich ebenso »nach ihrer Art« vermehrten. Diese Stabilität der Arten ist ein grundlegendes Naturgesetz der Biologie. Jede Art von Lebewesen bringt als Nachkommen immer wieder nur dieselbe Art hervor. Hunde können durch Züchtung sehr verändert werden, aber die Nachkommen von Hunden sind immer Hunde und niemals Katzen. Ebenso bekommen Affen nur Affenkinder. Schmetterlinge können zwar veränderte, angepasste Nachkommen hervorbringen, aber ihre Nachkommen gehören dennoch immer zur selben Schmetterlingsart wie die Eltern. Noch nie wurde eine Ausnahme von dieser Regel beobachtet, und daher ist diese Regel ein streng wissenschaftliches Naturgesetz.

Die Evolutionstheorie widerspricht diesem Naturgesetz. In evolutionistischen Stammbäumen, deren Linien verschiedene, angeblich voneinander abstammende Arten miteinander verbinden, werden einfach »fehlende Übergangsformen« (engl. »*missing links*«) eingesetzt, doch die meisten Evolutionisten scheinen über die fehlenden Übergangsformen alles zu wissen, außer dass sie fehlen, d. h. dass keine entsprechenden Fossilien oder lebenden Exemplare gefunden worden sind. Die fehlenden Übergangsformen fehlen auch heute noch. Thomas H. Huxley, ein nichtchristlicher Wissenschaftler, sagte treffend: »Die große und immer wiederkehrende Tragödie der Wissenschaft ist eine wunderschöne Hypothese, die von einer hässlichen Tatsache erwürgt wird.«[19]

Auch Paulus bestätigt das natürliche Zeugnis gegen die Evolutionstheorie, wenn er schreibt: »Nicht alles Fleisch ist dasselbe Fleisch; sondern ein anderes ist das der Menschen und ein anderes das Fleisch des Viehes und ein anderes das der Vögel und ein anderes das der Fische« (1. Korinther 15,39). Kein wissenschaftliches Forschungsergebnis kann diese Aussage jemals erfolgreich widerlegen oder auch nur ansatzweise erklären, wie aus primitiven Arten andere, höherentwickelte Arten hervorgehen können.

Die Evolutionstheorie ist auch nach den Regeln der Mathematik nicht haltbar. Statistiker können die Wachstumsrate einer Population berechnen. Wenn man von der gegenwärtigen Anzahl von Menschen auf der Erde ausgeht und rückwärts rechnet, stellt man fest, dass die Menschheit nicht so alt sein kann, wie die Evolutionisten behaupten. Wenn es den Menschen schon seit Hunderttausenden von Jahren gäbe, dann müsste es schon viel länger viel mehr Menschen geben.

Die Evolutionstheorie widerspricht also nicht nur direkt der Bibel, sondern auch den Tatsachen der Natur. Aber dennoch wird diese Theorie weiterhin so gelehrt, als sei sie eine bewiesene wissenschaftliche Tatsache. Wer sich als Schüler weigert, sich zur Evolution zu bekennen, erhält schlechtere

Zensuren und wird der Lächerlichkeit preisgegeben. Solche intellektuelle Unehrlichkeit offenbart den wahren Charakter derer, die diese Theorie vertreten.

Die Bibel und das Alter der Erde

Widerspricht der Schöpfungsbericht nicht den wissenschaftlichen Forschungsergebnissen über das Alter der Erde? Gegenwärtig behaupten die Evolutionisten, die Erde sei zwischen drei und sechs Milliarden Jahre alt. Die Bibel gibt jedoch kein Datum für die Erschaffung der Welt an. 1. Mose 1,1 sagt einfach: »Im Anfang schuf Gott die Himmel und die Erde.« Dieses Ereignis kann man unmöglich auf eine Jahreszahl datieren, sondern es ist einfach Gottes undatierter Beginn seines Handelns mit der Erde. Daher wird keine Aussage der Wissenschaft jemals im Widerspruch zur Bibel stehen oder sie bestätigen.

Die Bibel und das Alter der Dinosaurier-Fossilien

Die sterblichen Überreste von Dinosauriern sollen angeblich viele Millionen Jahre alt sein und somit einer Zeit angehören, die unmöglich der Erschaffung der Tierwelt in 1. Mose 1,24-25 entsprechen kann. Wenn der wissenschaftliche Befund stimmt, wie passen die Dinosaurier dann in die Schöpfungsgeschichte? Eigentlich besteht hierin gar keine Schwierigkeit. Die Dinosaurier wurden offenbar am sechsten Schöpfungstag erschaffen. Nicht der biblische Bericht stellt ein Problem dar, sondern fraglich und ungewiss ist vielmehr die Zuverlässigkeit der wissenschaftlichen Datierungsmethoden für Fossilien.[20]

Die Lückentheorie

Einige anerkannte Bibellehrer glauben, dass zwischen den ersten beiden Versen des Schöpfungsberichts, zwischen

1. Mose 1,1 und 1,2, eine zeitliche Lücke liegt. Diese Annahme ist als »Lückentheorie« bekannt. Eine Version dieser Theorie besagt Folgendes:

1. Mose 1,1 beschreibt die ursprüngliche Schöpfung von Himmel und Erde. Diese Schöpfung war vollkommen, wie alle Werke Gottes vollkommen sind. Für diese Schöpfung wird kein Zeitpunkt angegeben und es ist keine Rede davon, dass zu dieser Zeit Leben auf der Erde existiert habe. Hier wurde lediglich die materielle Kulisse geschaffen: das Land, das Meer und die Atmosphäre.

Zwischen Vers 1 und Vers 2 liegt ein unbestimmter Zeitabschnitt. Vers 2 sagt, dass die Erde »wüst und leer« war. Anders ausgedrückt, befand sie sich in einem Zustand des Chaos. Das Wort »war« kann allerdings auch mit »wurde« übersetzt werden. Die Übersetzung mit *wurde* trifft sogar besser die ursprüngliche Bedeutung dieses Wortes.[21] Der Ausdruck »wüst und leer« ist die Übersetzung der zwei hebräischen Wörter *tohu wabohu*. In dieser Kombination kommen diese beiden Wörter in nur zwei weiteren Bibelstellen vor (Jesaja 34,11; Jeremia 4,23) und beschreiben in beiden Fällen das Ergebnis von Gottes Gericht. Es muss also irgendein Ereignis vorgefallen sein, wodurch die Erde zu einer öden Wüste wurde.

Nun stellt sich die Frage: Was war die Ursache dafür, dass Gottes vollkommene Schöpfung wüst und leer wurde? Eine Erklärungsmöglichkeit ist, dass hier der Fall Satans geschah, der in Jesaja 14,12-16 und in Hesekiel 28,12-19 beschrieben wird. Diese beiden Bibelstellen beziehen sich in ihrer unmittelbaren Bedeutung zwar auf den König von Babylon und auf den König von Tyrus, doch bestimmte Aussagen darin können sich nur auf Satan beziehen. Sein Fall führte womöglich zu einer großen, umwälzenden Katastrophe auf der Erde, wodurch sie wüst und leer wurde.

Weiter sagt Vers 2, dass »Finsternis über der Tiefe schwebte«. Finsternis hat in der Bibel eine geistliche Bedeutung:

1.) In der Bibel ist Finsternis oft ein Symbol für moralisch oder geistlich Böses (1. Johannes 1,5; Johannes 3,19-21).

2.) In 2. Korinther 4,6 veranschaulicht Paulus mit diesem Bibelvers den unbekehrten Zustand des Sünders. Der Sünder befindet sich solange in Finsternis, bis der Herr Jesus ihm als Licht im Herzen aufleuchtet.

3.) Als Gott das Licht sah, sagte er, dass es »gut« ist. Von der Finsternis sagte er nicht, dass sie gut sei.

Die Verse 3-25 beschreiben die sechs Schöpfungstage, an welchen Gott aus der öden Erde einen für den Menschen passenden Wohnraum machte. Viele Indizien belegen, dass es sich um normale 24-Stunden-Tage handelte.[22] Die ersten Lebewesen (Pflanzen) werden in Vers 11 erwähnt, die ersten tierischen Lebensformen in Vers 20. Der Mensch erscheint erstmals in Vers 26. Vor dem Sündenfall (3,6) gab es keinen Tod auf der Erde.

Die Bibel und das Alter der Menschheit

Das Problem, mit dem wir uns nun befassen wollen, kann kurz folgendermaßen zusammengefasst werden: Wenngleich die Bibel keine Zeit angibt, wann Adam erschaffen wurde, lässt sich aus den biblischen Geschlechtsregistern von Adam bis Christus ableiten, dass der Mensch irgendwann zwischen 4.000 und 8.000 v. Chr. erschaffen wurde. Andererseits haben Wissenschaftler viele Knochen und Knochenfragmente von Menschen gefunden, die sie auf ein Alter von etwa 500.000 Jahren datieren. Wie kann dieser Widerspruch aufgelöst werden? Mehrere Faktoren sollten dabei beachtet werden.

Erstens muss man bedenken, dass die Zeittafeln, die in manchen Bibelausgaben enthalten sind, nicht zum inspirierten Text gehören. Manche Zeittafeln datieren die Erschaffung Adams genau auf das Jahr 4004 v. Chr. Wir erkennen heute jedoch an, dass es Lücken in den Geschlechtsregistern gibt, die eine Anpassung dieser Zahl erfordern. Doch selbst wenn man diese Lücken berücksichtigt, erhalten wir noch lange nicht die zeitliche Größenordnung, von denen heutige Wissenschaftler ausgehen.

Einige Methoden, mit denen Wissenschaftler den Ursprung der Menschheit zu erforschen versuchen, sind sicherlich fragwürdig. Zu diesen strittigen Methoden gehört die Rekonstruktion sogenannter »prähistorischer Urmenschen« aus Knochen und Knochenfragmenten. Dass diese Methode missbraucht wurde, bestätigt Prof. A. E. Hooton von der Universität Harvard:

Einige Anatomen modellieren Rekonstruktionen aus fossilen Schädeln, indem sie die weichen Partien von Kopf und Gesicht mithilfe eines Schädelabdrucks ergänzen und somit ein Modell schaffen, das angeblich darstellt, wie dieser fossile Mensch zu Lebzeiten ausgesehen hat. Wenn wir jedoch berücksichtigen, dass die meisten Schädel nur bruchstückhaft vorliegen und gewöhnlich die Gesichtspartie fehlt, können wir leicht feststellen, dass die Rekonstruktion des Gesichts und der Schädelform Anlass zum Zweifel an diesen Details gibt. Die verschiedenen Rekonstruktionen des Piltdown-Menschen durch Smith-Woodward, Keith und andere Experten unterscheiden sich sehr stark voneinander.

Der Versuch, die weichen Partien zu rekonstruieren, ist ein noch gewagteres Unterfangen. Die Knochen geben keinerlei Anhaltspunkte über die Form der Lippen, Augen, Ohren und der Nasen. Aus dem Schädel eines Neandertalers ließen sich mit gleicher Geschicklichkeit die Züge eines Schimpansen modellieren wie die eines Philosophen.

Diese angeblichen Rekonstruktionen von Urmenschen haben wenig wissenschaftlichen Wert und dienen wahrscheinlich nur dazu, die Öffentlichkeit irrezuführen. Es ist eindeutig absurd, aus dem Schädeldach und zwei oder drei Zähnen ein Modell des Pithecanthropus zu rekonstruieren. Wir kennen keine Details über das Erscheinungsbild von Menschen des Pithecanthropus-, Heidelberg-, Piltdown- oder Neandertal-Typus. Wir wissen nichts über die Form und Ausbreitung ihrer Behaarung, über ihre Hautfarbe und andere Einzelheiten. Deshalb: Vertrauen Sie nicht solchen Rekonstruktionen!«[23]

Dass wissenschaftliche Methoden nicht über jede Kritik erhaben sind, wird auch an dem nunmehr berühmten Beispiel vom »Piltdown-Menschen« deutlich. Der »Piltdown-Mensch« war eine solche Fossil-Rekonstruktion, wie Prof. Hooton sie beschrieben hat. Die Rekonstruktion basierte im Großen und Ganzen auf einem Kieferknochen, der 1912 in der Nähe von Piltdown in England gefunden worden war. Die Wissenschaftler datierten dieses Wesen in die frühe Eiszeit vor 500.000 Jahren. 1953 jedoch gab es lange Gesichter unter den Wissenschaftlern, als sich herausstellte, dass der Kieferknochen von einem 50 Jahre zuvor verstorbenen Orang-Utan stammte, der in der »Rekonstruktion« raffiniert mit Schädelknochen eines normalen Menschen kombiniert worden war. Was einst als größter anthropologischer Fund des Jahrhunderts gefeiert wurde, erwies sich nun als größter Schwindel des Jahrhunderts.[24]

Eines der größten Probleme beim Datieren des Ursprungs der Menschheit auf einen Zeitpunkt vor 500.000 Jahren besteht darin, dass in 1. Mose 4 die Erfindung und Anfertigung von Musikinstrumenten, Metallwerkzeugen und anderen Kennzeichen von Zivilisationen aufgezeichnet sind. Keinerlei archäologischen Funde belegen derartige Zivilisationserscheinungen für einen früheren Zeitpunkt als vor etwa 8.000 bis 16.000 Jahren.[25] Selbst strenge Verfechter eines Alters der Menschheit von 500.000 Jahren geben zu, dass es schwierig

ist, zwischen 1. Mose 2 und 4 mehr als 480.000 Jahre hinein-
zuzwängen.

Wer an die Bibel glaubt, muss zwar zugeben, dass er das
Alter der Menschheit nicht exakt angeben kann, doch ist er
sich bewusst, dass die biblische Geschichtsschreibung zwischen 1. Mose und Matthäus wohl kaum einen Zeitraum von
500.000 Jahren umfassen kann.

Die Schöpfungstage: Tage oder Zeitalter?

Nun kommen wir zu der Frage, ob die Tage aus dem Schöpfungsbericht buchstäbliche 24-Stunden-Tage waren oder lange Zeitabschnitte. Dieses Thema in einem kurzen Abschnitt
zu behandeln, ist so gut wie unmöglich. Wir werden daher lediglich die verbreiteten Auffassungen beschreiben und einige
Gründe für unsere Ansicht nennen. Einige Christen meinen,
bei den Schöpfungstagen handle es sich um Zeitperioden
unbestimmter Dauer. Andere sehen sie als Offenbarungstage
an, d.h. Gott habe die Schöpfungsgeschichte in sieben bildhaften Tagen oder Phasen offenbart, ohne dass der Gedanke
an tatsächliche Zeitabschnitte enthalten sei. Die dritte Ansicht besagt, dass die Schöpfungstage buchstäbliche Tage von
24 Stunden Länge gewesen seien. Wir vertreten diese letztere
Auffassung und möchten drei Punkte zu ihrer Untermaue-
rung nennen:

1.) Adam wurde am 6. Tag erschaffen (1. Mose 1,26-31). Der
   nächste Tag war der 7. Tag, und Adam lebte an diesem
   ganzen 7. Tag. Wenn dieser 7. Tag nun tausend Jahre lang
   gewesen sein soll, müsste Adam bei seinem Tod wesent-
   lich älter gewesen sein, als die Bibel angibt. Die Bibel
   sagt jedoch ausdrücklich, dass Adam 930 Jahre alt wurde
   (1. Mose 5,5). Deshalb konnte der 7. Tag kein Zeitalter
   sein, sondern war ein normaler Solartag.
2.) Sechs Mal kommt in 1. Mose 1 der Ausdruck vor: »Und es

wurde Abend und es wurde Morgen: ein ... Tag«. Abend und Morgen begrenzen nicht Zeitalter, sondern normale Tage.

3.) In 2. Mose 20,8-11, dem Sabbat-Gebot, benutzt der Geist Gottes für die Schöpfungswoche dieselben Ausdrücke wie für die jüdische Kalenderwoche. Daher meinen wir, dass wir aus der Bibel schlussfolgern müssen, dass die Schöpfungstage keine langen Zeitalter waren.

Die Bibel ist wahr

Letzten Endes ist Gott der ursprüngliche und unfehlbare Wissenschaftler. Als er die Welt erschuf, legte er die Geheimnisse der Schöpfung in sie hinein. Heute rühmt sich der Mensch seiner bemerkenswerten Entdeckungen, konnte bisher aber nur das entdecken, was Gott in die Schöpfung hineingelegt hat. Als der berühmte Astronom Kepler die Gesetze entdeckte, aufgrund derer sich die Planeten um die Sonne drehen, sagte er in einem Ausbruch der Anbetung: »Großer Gott, ich denke meine Gedanken dir nach.«

Die Bibel trifft mehrere Aussagen über Tatsachen bezüglich unseres Universums. Wenn einige dieser Tatsachen wissenschaftlich entdeckt werden, überrascht es zu entdecken, dass sie bereits die ganze Zeit über in der Bibel beschrieben oder zumindest angedeutet waren. »Obwohl die Bibel keine Informationen enthält, die den Fortschritt der Wissenschaft fördern würden, macht sie doch hier und dort geheimnisvolle Äußerungen, deren Wahrheit dadurch entdeckt wird, dass die Wissenschaftler die Gesetze des Universums immer besser verstehen.«[26]

Als Beispiele für solche Übereinstimmungen können wir Entdeckungen wie die folgenden anführen: das Schweben der Erde im leeren Weltraum (Hiob 26,7), die Kugelform der Erde (Hiob 22,14; Jesaja 40,22; Sprüche 8,27), die Rotation der Erde und ihre Bahn um die Sonne (Hiob 38,32), die Dichte der Wolken (Hiob 28,24-26) und die Entstehung von Regen durch Blitze (Psalm 135,7). Zweifellos gibt es noch viele weitere solcher Aussagen wissenschaftlicher Wahrheiten in der Bibel, die wir heute noch nicht verstehen, weil unser Erkenntnisstand noch sehr begrenzt ist.

Wahre Wissenschaft widerspricht nicht der Bibel

Wir können völlig zuversichtlich sagen, dass die Bibel niemals den bestätigten Erkenntnissen wahrer Wissenschaft widerspricht. Die Bibel ist Wahrheit, und Wahrheit kann nicht im Widerspruch zu Wahrheit stehen (Johannes 17,17). Wir sollten uns nicht davon beunruhigen lassen, dass die Bibel ständig im Widerspruch mit den stets wechselnden Theorien moderner Wissenschaft steht. Oswald Chambers bemerkte: »Würde die Bibel mit der modernen Wissenschaft übereinstimmen, dann wäre sie bald überholt, da die Wissenschaft naturgemäß dem Wandel verpflichtet ist.«[27] Wir sehen also, dass es tatsächlich sogar *für* die Glaubwürdigkeit der Bibel spricht, dass sie nicht mit all den kurzlebigen Erkenntnissen der Wissenschaft übereinstimmt. Christen sollten sich standhaft weigern, sich vor dem Heiligtum der Wissenschaft zu beugen. Wenn Gott und sein Wort in Frage gestellt werden, sollte die erste Reaktion lauten: »Gott ist wahrhaftig, jeder Mensch aber Lügner« (Römer 3,4). Wenn Wissenschaftler irgendeine Entdeckung veröffentlichen, die offenbar der Bibel widerspricht, dann sollen sie diese Sache noch weiter erforschen. Der Widerspruch wird sich auflösen, wenn sie sich mit dem Thema erneut und mit vermehrter Weisheit befassen.

Kapitel 5

Die Geschichte wiederholt sich

Zum ersten Mal wurde das Wort Gottes im Garten Eden vom Teufel angegriffen. Seine damalige Methode wendet er auch heute immer noch an. Deshalb ist es höchst wichtig, seine Vorgehensweise zu kennen, um sie demaskieren zu können, wann und wo immer sie auftaucht.

Zweifel säen

Als erster Schritt löste der Teufel Zweifel am Wort Gottes aus und hinterfragte Gottes Gebot: »Hat Gott wirklich gesagt …?« (1. Mose 3,1). Das ist die erste Aussage des Teufels, von der wir in der Bibel lesen. Doch in genau gleicher Weise wird auch heute an Schulen, Universitäten und liberal-theologischen Ausbildungsstätten die Autorität des Wortes Gottes in Abrede gestellt. Der Teufel leugnete keineswegs das Wort des Herrn, sondern streute lediglich Zweifel in Evas Denken. Wenn wir heute hören, wie jemand Zweifel an der Bibel verbreitet, können wir sicher sein, dass der Teufel diese Person für seine Zwecke gebraucht. Wir sollten uns hüten, dass unser Verstand nicht durch solche Zweifel getrübt wird, denn das wäre der erste Schritt zu schlimmerer Sünde.

Das Wort Gottes falsch zitieren

Als zweite Methode zitierte der Teufel das Wort Gottes falsch: »Hat Gott wirklich gesagt: Von allen Bäumen des Gartens dürft ihr nicht essen?« (1. Mose 3,1). Natürlich hatte Gott das so nicht gesagt, sondern er hatte Adam und Eva durchaus erlaubt, von allen Bäumen zu essen bis auf einen einzigen: »Und Gott, der HERR, gebot dem Menschen und sprach: Von jedem Baum des Gartens darfst du essen; aber vom Baum der Erkenntnis des Guten und Bösen, davon darfst du nicht essen; denn an dem Tag, da du davon isst, musst du sterben!« (1. Mose 2,17-18). Aber der Teufel zitierte Gott absichtlich falsch, um seine bösen Ziele zu erreichen. Jemand sagte einmal: Der Teufel ist nie teuflischer, als wenn er eine Bibel in der Hand hält. Das ist deshalb wahr, weil er die Bibel falsch zitiert, ihr etwas hinzufügt, wichtige Teile weglässt oder sie auf andere Weise verdreht, um Menschen irrezuleiten (siehe Matthäus 4,6; Psalm 91,11-13).

Das Wort Gottes leugnen

Nachdem der Teufel seine ersten beiden Schritte erfolgreich durchgeführt hatte, leugnete er das Wort Gottes in Bausch und Bogen: »Da sagte die Schlange zur Frau: Keineswegs werdet ihr sterben!« (1. Mose 3,4). Hätte er mit dieser kühnen Behauptung gleich zu Beginn aufgewartet, hätte er Eva womöglich nicht verführen können. Deshalb begann er zunächst damit, unterschwellig Zweifel zu säen, dann streute er falsche Zitate ein und zeigte schließlich seine wahre Absicht. Ein Geschöpf wagt es, das Wort seines Schöpfers zu leugnen! Das ist die Vorgehensweise des Teufels.

Gottes Charakter angreifen

Nachdem er bis hierher erfolgreich war, verfolgt er seine Absichten weiterhin dadurch, dass er Zweifel an Gottes vollkommenem Charakter sät: an seiner Liebe, Weisheit und Gerechtigkeit: »Gott weiß, dass an dem Tag, da ihr davon esst, eure Augen aufgetan werden und ihr sein werdet wie Gott, erkennend Gutes und Böses« (1. Mose 3,5). Damit sagte der Teufel letztlich, Gott würde Adam und Eva etwas Gutes vorenthalten. Wäre das wahr, dann könnte Gott kein liebender Gott sein.

50

Falschen Ersatz anbieten

Zum Schluss setzt der Teufel seine eigenen Worte an die Stelle des Wortes Gottes: »Ihr werdet sein wie Gott, erkennend Gutes und Böses« (1. Mose 3,5). Er ist der große Nachahmer. Für alles, was von Gott kommt, hat er eine Fälschung aufzubieten. Er bietet einen falschen Ersatzgott – den Mammon; er bietet einen falschen Christus an – den Antichrist; er bietet falsche Ersatzbibeln an – die Schriften vieler Sekten, Religionen und Philosophen; er bietet ein falsches Evangelium an – z. B. die Errettung durch Werke; und er bietet eine falsche Gemeinde an – die »Synagoge des Satans« (Offenbarung 2,9).

Kommen uns diese Methoden bekannt vor? Hören wir nicht von überall her: »Wie kannst du dir sicher sein, dass die Bibel inspiriert ist?«, »Meinst du tatsächlich, dass Gott Menschen ablehnt, die versucht haben, ihr Bestes zu tun?«, »Glaubst du wirklich, dass es eine buchstäbliche Hölle und eine ewige Bestrafung gibt?« Solche und ähnliche Frage erinnern uns an die Situation im Garten Eden und stammen alle vom selben Autor. Und sie alle führen den Menschen weg von Gott.

Aber zugleich gilt: Gut gewarnt ist gut gewappnet! Paulus schrieb: »Seine Gedanken (die des Teufels) sind uns nicht unbekannt« (2. Korinther 2,11). Obwohl der Teufel als »Engel des Lichts« auftritt, verrät ihn seine Sprache (2. Korinther 11,14). Wenn wir hören, dass die Bibel oder der Charakter Gottes angezweifelt wird, wissen wir, dass dies vom »Vater der Lügner« stammt (Johannes 8,44). Diese Angriffe können wir abwehren, indem wir uns auf das Wort Gottes berufen: »Hin zur Weisung und zur Offenbarung! Wenn sie nicht nach diesem Wort sprechen, dann gibt es für sie keine Morgenröte« (Jesaja 8,20).

Eine Herausforderung an die Kritiker

Wie bereits gesagt, versucht der Teufel immer noch, seine alten Lügen an den Mann zu bringen und bedient sich dazu menschlicher Verführer, die selber von ihm verführt sind. Diese anmaßenden »Gelehrten« meinen, das Wort Gottes beurteilen und darüber richten zu können. Angeblich wissen sie, dass die Bibel keine Offenbarung von Gott ist. Damit geben sie vor, sie wüssten, wie ein Buch zu sein hat, das wirklich von Gott ist, und hätten erkannt, dass die Bibel nicht diesen ihren Kriterien entspricht. Daher könnte man diese Kritiker zu Recht fragen: Was wäre an einer geschriebenen Offenbarung Gottes anders im Vergleich zur Bibel? Diese Frage können sie natürlich nicht beantworten.

Doch fragen wir uns selbst: Angenommen, Gott würde sich dem Menschen mittels eines Buches offenbaren, welche Eigenschaften hätte dieses Buch dann? Erstens wäre zu erwarten, dass es ein unerschöpfliches Buch ist. Um seinem Autor gerecht zu werden, müsste es einen unausforschlichen Inhalt haben. Es würde Wahrheiten und Geheimnisse enthalten, welche zu ergründen die Menschen zeitlebens beschäftigen müsste.

Zweitens würden wir bestimmte Wahrheiten darin erwarten, die der Mensch mit seinem Verstand nicht begreifen, sondern nur im Glauben annehmen kann. Da Gott allwissend ist, müssen wir ihm zugestehen, dass er Dinge weiß, die wir niemals wissen können. Wenn sein Buch die Weisheit des Menschen nicht überträfe, könnten wir nicht sicher sein, ob es von Gott stammt.

Als nächstes würden wir erwarten, dass die großen, grundlegenden Wahrheiten dieses Buches für all jene verständlich sind, die aufrichtig Gottes Willen zu erkennen wünschen. Gott würde nämlich mit diesem Buch bezwecken, dass sein Wille erkannt wird, und sicherlich würde er nicht seine eigenen Absichten vereiteln.

Andererseits würden wir erwarten, dass die tiefen Geheimnisse dieses Buches von solchen Lesern nicht entdeckt werden könnten, die nur ihre Neugier befriedigen wollen oder halbherzig an die Sache herangehen. Denn dann könnten eingebildete Leute damit prahlen, dass Gottes Wort nichts enthalte, was sie nicht verstehen könnten.

Das Buch sollte das Geheimnis des Ursprungs der Welt lüften, ferner das Problem von Sünde und Tod erklären und das Rätsel über das Leben nach dem Tod lösen.

Wir wären sicher, dass ein Buch von Gott keine inneren Widersprüche enthielte, keine Fehler und nichts, was dem gesunden Menschenverstand widerspräche. Was den letzten Punkt betrifft, kann das Buch zwar vieles enthalten, was über den Menschenverstand *hinausgeht*, jedoch nichts, was es einem aufrichtigen Leser unmöglich machen würde, seinem Inhalt zu glauben.

Und was die Wirkung dieses Buches betrifft, ist uns klar, dass es den Menschen nicht sündiger, sondern heiliger machen müsste. Gott würde nur eine solche Offenbarung geben, die den Menschen immer mehr Gott ähnlich macht.

Zweifellos könnten wir noch viele weitere Eigenschaften anführen, aber die hier genannten reichen völlig aus. Die Bibel erfüllt alle diese Kriterien. Ihre Wahrheit ist bis heute nicht ausgeschöpft. Ständig werden neue Bibelkommentare geschrieben und ständig werden neue Schätze entdeckt. Einige ihrer Wahrheiten können nicht vollends verstanden, aber im Glauben angenommen werden. Beispielsweise gilt das für die Lehre von der Dreieinigkeit, für die Vorstellung der Ewigkeit und für die Lehre, dass Jesus Christus vollkommen Mensch und zugleich vollkommen Gott in einer Person ist.

Die Wahrheit des Evangeliums wurde von Kesselflickern verstanden (John Bunyan, Autor der »Pilgerreise«), von Sklavenhändlern (John Newton, Dichter von »Amazing Grace«) sowie von anderen völlig schlichten und einfältigen Alltagsmenschen. Doch viele ungläubige Intelligenzbestien sind über ihre Lehren gestolpert und haben die Bibel daher als unverständliches Kauderwelsch abgetan.

Die Bibel enthüllt das Geheimnis der Schöpfung, erklärt, wie Sünde, Leid und Tod in die Welt gekommen sind, zeigt den Weg zur Errettung und zum ewigen Leben und sagt das künftige Schicksal der Welt voraus.

Es wurde oft versucht, der Bibel Irrtümer anzulasten, doch niemand konnte jemals einen Fehler oder einen Widerspruch aufzeigen. Die Bibel enthält nichts, was es für einen intelligenten Menschen unmöglich machen würde, sie als von Gott inspiriert anzunehmen.

Und zuletzt bewirkt die Bibel beim Leser eine Abscheu gegen Sünde und eine Liebe zur Heiligkeit. Ihre Wirkung bestand stets darin, dass sie die Menschen näher zu Gott zog.

Doch darüber hinaus kann man die Bibel ganz praktisch auf die Probe stellen: Wir finden einen Kritiker, der bereit ist, die Bibel vom Schöpfungsbericht bis zur letzten Seite durchzulesen. Außerdem erklärt er sich einverstanden, vor der Lektüre stets zu beten, dass Gott ihm beim Lesen zeigt, ob dieses Buch von ihm stammt, ob er ein verlorener Sünder ist und ob Jesus Christus der einzige Retter ist. Niemand könnte mit diesem Gebet im Herzen die Bibel aufrichtig und bewusst lesen, ohne von ihrer völligen Glaubwürdigkeit überzeugt zu werden. Denn Gott hat verheißen: »Wenn jemand seinen Willen tun will, so wird er von der Lehre wissen, ob sie aus Gott ist …« (Johannes 7,17). Hinter dieser Verheißung steht ein treuer und zuverlässiger Gott.

Kapitel 6

Angebliche Schwierigkeiten in der Bibel

Zweifler an der Bibel lassen sich gewöhnlich in zwei Gruppen einteilen: zum einen diejenigen, die aufrichtig sind und wirklich in bestimmten Bibelabschnitten Schwierigkeiten sehen, und zum anderen jene, die einfach nur die Bibel in Verruf bringen wollen und jede sich bietende Gelegenheit dazu nutzen. Mit der ersten Gruppe besteht im Grunde gar keine Schwierigkeit, denn die Bibel verheißt, solche zu belohnen, die aufrichtig und eifrig nach der Wahrheit suchen. Mit Kritikern der zweiten Gruppe kann man diskutieren und ihnen Erklärungen bieten, aber da sie die biblischen Argumente nicht einsehen wollen, halten sie hartnäckig an ihrer eigenen Ansicht fest.

Ein Christ und ein solcher Kritiker diskutierten einmal über die Gottheit Christi, drehten sich dabei jedoch hoffnungslos im Kreis. Schließlich sagte der Christ: »Wenn ich dich intellektuell überzeugen könnte, dass die Bibel die absolute Wahrheit ist, wärst du dann bereit, dich Jesus Christus als Herrn und Retter anzuvertrauen und fortan für ihn zu leben?« »Natürlich nicht!«, antwortete der Kritiker. Daraufhin sagte der Christ: »Warum diskutieren wir dann überhaupt, wenn du ohnehin nicht bereit bist, gemäß deiner Überzeugung zu handeln?«

Wir werden nun auf einige der verbreitetsten Einwände eingehen, mit denen behauptet wird, die Bibel enthalte problematische Aussagen.

Woher bekam Kain seine Frau?

Die einfachste Antwort lautet: Er heiratete eine von seinen Schwestern. In 1. Mose 5,4 heißt es, dass »Adam Söhne und

Töchter zeugte«. Damals war es durch kein Gebot untersagt, jemand von den eigenen Geschwistern zu heiraten. Wenn anfänglich nicht Geschwister untereinander geheiratet hätten, dann hätte sich die Menschheit überhaupt nicht vermehren können! Als sich später Erbkrankheiten einschlichen, verbot Gott das Heiraten unter nahestehenden Verwandten (3. Mose 18,6.9).

Die Ausrottung der Kanaaniter

Als die Israeliten aus Ägypten ausgezogen waren und durch die Wüste nach Kanaan wanderten, befahl Gott ihnen, die Bewohner des Landes Kanaan auszurotten (5. Mose 20,16-18). Diese Anordnung wird oft als Widerspruch innerhalb der Bibel angeführt. Wie konnte ein Gott der Liebe diese Völker zur Ausrottung verurteilen?

Gott ist tatsächlich ein Gott der Liebe, doch ist er ebenso ein Gott der Heiligkeit und Gerechtigkeit. Er muss Sünde bestrafen. Die Kanaaniter waren maßlose Sünder und hatten sich unvorstellbarer Praktiken schuldig gemacht. Gott hatte erklärt: »Wegen der Gottlosigkeit dieser Nationen wird der HERR sie vertreiben« (5. Mose 9,4; siehe auch 3. Mose 18,27; 5. Mose 18,12, 1. Könige 21,26). Gott hatte die Kanaaniter 400 Jahre lang geduldig ertragen. Dann war das »Maß der Schuld des Amoriters voll« (1. Mose 15,16), und so strafte Gott sie für ihren schrecklichen Götzendienst und ihre schlimme Unmoral. Doch das tat Gott nicht nur, um zu bestrafen, sondern auch als vorbeugende Schutzmaßnahme. Gott wollte nicht, dass sein eigenes Volk durch den Einfluss dieser gottlosen Heiden verdorben wird (5. Mose 20,18). Auch heute amputieren Ärzte erkrankte Gliedmaßen, damit die Krankheit nicht auf den ganzen Körper übergreift und den Patienten schließlich tötet. In gleicher Weise schnitt Gott diese Heidenvölker ab, damit nicht die ganze Erde voll von ihrer Gottlosigkeit wurde.

Vielehen im Alten Testament

Die Autoren des Alten Testaments haben ehrlicherweise überliefert, dass damals die Praxis der Polygamie (Vielehe) üblich war. Der erste Mann mit mehreren Ehefrauen war der Mörder Lamech (1. Mose 4,23). Wir müssen dabei jedoch bedenken, dass Gott nicht alle Praktiken gutheißt, von denen die Bibel berichtet. Ursprünglich wollte Gott, dass ein Mann jeweils nur eine Frau hat (Matthäus 19,4-8). Polygamie war niemals sein Wille für sein Volk.

Archäologie und Bibel

Manchmal wurde behauptet, archäologische Entdeckungen würden die Bibel widerlegen. In Wirklichkeit ist das Gegenteil der Fall. Ein sehr bekanntes und verbreitetes Buch über die Ausgrabungen im Land der Bibel schlussfolgert in seinem Titel: »Und die Bibel hat doch Recht«. Wer sich weiter mit diesem interessanten Thema beschäftigen möchte, findet in den Quellenangaben einige Literaturhinweise.[28]

Jona im Bauch des Fisches

Diese Geschichte vom Propheten Jona, der von einem großen Fisch verschluckt und nach drei Tagen wieder ans Ufer ausgespieen wurde, ist eines der Lieblingsthemen der Bibelkritiker. Viele haben über die Vorstellung gespottet, ein Fisch oder Wal könne groß genug sein, um einen Menschen zu verschlucken und dieser Mensch könne drei Tage und drei Nächte am Leben bleiben. Doch später wurden tatsächlich Fälle von Menschen dokumentiert, die von Walfischen verschluckt wurden und überlebten. Aber solche Erklärungen rauben der Geschichte von Jona nicht ihr übernatürliches Element. Die Bibel berichtet, dass Gott den Fisch bereitet hat. Gott brachte den Fisch gerade in dem Augenblick zum Schiff, als Jona über

Bord geworfen wurde. Gott veranlasste den Fisch, Jona aufs Festland auszuspeien. Die ganze Begebenheit war ein einziges Wunder, und dabei sollten wir es belassen.

Die Jungfrauengeburt

Dass der Herr Jesus von einer Jungfrau geboren wurde, bereitet vielen ebensolche Schwierigkeiten. Solche Skeptiker argumentieren damit, dass sie so etwas noch nie erlebt haben und dass es daher unmöglich sei. Aber dabei vergessen sie Gott und dass »bei Gott kein Ding unmöglich ist« (Lukas 1,37; Markus 10,27). Der Schoß der Jungfrau war für den Herrn lediglich das Vorzimmer, von dem aus er in menschlicher Gestalt in diese Welt trat.

Die Auferstehung Jesu

Auch bei diesem Thema waren die Kritiker nicht müßig. In ihrer Kreativität haben sie zahllose Theorien darüber entworfen, was damals angeblich tatsächlich geschehen sei. Die erste Theorie von Auferstehungskritikern kann man in Matthäus 28,11-15 nachlesen: Für viel Geld ließen sich die Soldaten, die das Grab bewachen sollten, zur Aussage überreden, sie seien eingeschlafen und die Jünger Jesu hätten seinen Leichnam gestohlen. Diese Theorien zerschellen jedoch an der schlichten historischen Aussage der Bibel. Zu einer ausführlichen Auseinandersetzung mit diesem Thema weisen wir auf weiterführende Literatur hin.[29]

Die ewige Höllenstrafe

Die Vorstellung, dass Sünder ewig in der Hölle leiden sollen, widerspricht offenbar dem Gottesbild vieler Menschen, die meinen, ein liebender Gott würde so etwas aufgrund seines Charakters nicht tun.

Lehrt die Bibel überhaupt die ewige Höllenstrafe? Ja, ausdrücklich! John Nelson Darby stellte folgende Liste von Bibelstellen zusammen, die von ewiger Bestrafung sprechen:

Matthäus	3,10.12	Johannes	8,24
	5,22.29.30	Apostelgeschichte	1,25
	6,15	Römer	1,18
	7,13.23		2,5-16
	8,12		9,22
	10,28.33	1. Korinther	1,18
	11,22		3,15
	12,31.32	Philipper	1,28
	13,40-42.49.50		3,18
	18,8.9	2. Thessalonicher	1,8-10
	22,13		2,10-12
	23,33	1. Timotheus	6,9
	25,46	Hebräer	6,6
	26,24		9,27
Markus	3,29		10,26-31
	8,36	Jakobus	5,20
	9,43.44	2. Petrus	2,9.17.21
	16,16		3,7
Lukas	12,4.5.9.10	1. Johannes	5,12
	16,19-31	Judas	1,13
Johannes	3,3.16.36	Offenbarung	14,9-11
	5,29		20,10-15
	6,53		21,5-8

Ist es mit Gottes Charakter vereinbar, dass er mit einer ewigen Hölle aufwartet? Die Antwort ist ein entschiedenes Ja. Gottes Gerechtigkeit fordert, dass Sünde bestraft werden muss. Aufgrund seiner Liebe hat er keinen Gefallen daran, dass Sünder ins Verderben kommen (Hesekiel 33,11). Doch in seiner Liebe hat er Vorsorge dafür getroffen, dass die Forderungen seiner Gerechtigkeit erfüllt werden, ohne dass

Sünder ins Verderben kommen müssen. Gott hat die Welt so sehr geliebt, dass er seinen Sohn sandte. Dieser Sohn kam freiwillig auf die Erde, um die Strafe für Sünder stellvertretend auf sich zu nehmen. Aufgrund der Erlösung, die Jesus am Kreuz von Golgatha vollbracht hat, rettet Gott ohne Gegenleistung jeden, der seinen Sohn annimmt. Menschen kommen nur dann in die Hölle, wenn sie Jesus nicht annehmen. Wer Christus und sein vollbrachtes Werk ignoriert, verwirft oder verachtet, besiegelt damit sein ewiges Schicksal.

Die meiste Kritik an der Bibel beruht auf Unkenntnis ihres Inhalts. Jesus sagte zu den damaligen Kritikern: »Ihr irrt, weil ihr die Schriften nicht kennt« (Matthäus 22,29). Der Rechtsanwalt Linton behauptet: Von allen agnostischen Anwälten, die er kennt, hatte kein einziger jemals einen Beweis dafür gelesen, der die Bibel als unwahr erwies. Außerdem sagt er, dass jeder Agnostiker, der die Indizien für die Wahrheit der Bibel gelesen hat, entweder seinen Agnostizismus aufgab oder Christ wurde. Einige wenige scheinbare Widersprüche resultieren aus einer ungenauen Übersetzung. Einige Schwierigkeiten ergeben sich, weil die Bibel ihrer Zeit voraus ist und der säkulare Wissensstand noch nicht mit ihr Schritt gehalten hat. Aber die Bibel enthält nichts, was es einem aufrichtigen, suchenden Verstand unmöglich machen würde, an sie zu glauben.

Kapitel 7

Das Leben des Herrn Jesus Christus

Eine unlösbare Aufgabe

Einer der schlagkräftigsten Beweise für die Inspiration der Bibel ist das Leben des Herrn Jesus Christus. Diese Biografie hätte kein sterblicher Mensch sich jemals ausdenken können. Ein Mensch kann unmöglich die Geschichte einer völlig vollkommenen Person schaffen. Irgendwo würde sich ein Makel im Charakter des Helden einschleichen; er würde irgendetwas tun oder sagen, was den Maßstab der Vollkommenheit nicht erfüllt. Schlechte Menschen *könnten* keinen vollkommenen Charakter, kein vollkommenes Leben und kein vollkommenes Buch zustande bringen. Gute Menschen *würden* keine derartige Fälschung schreiben. Die Biografie Jesu ist so wunderbar wie sein Leben, und beides spricht von Gott.

»Wenn das Christentum bloß eine Erfindung des Menschen ist und die Bibel nicht von Gott stammt, wie können Ungläubige dann das Leben Jesu Christi erklären? Seine historische Existenz können sie nicht abstreiten. Wie kommt es, dass er ohne Gewalt und Betrug, ohne Waffen und ohne Geld unbestreitbar einen enorm tiefen Eindruck in der Welt hinterlassen hat? Wer oder was war er? Woher kam er? Wie kommt es, dass seit Anbeginn der Weltgeschichte weder vor ihm noch nach ihm irgendjemand einen Vergleich mit ihm standhalten konnte? Ungläubige haben keine Antwort darauf. Das kann durch nichts anderes erklärt werden als nur durch das große Grundprinzip des Glaubens: Jesus Christus ist Gott und sein Evangelium ist vollkommen wahr.«[30]

Das Erstaunliche an den Evangelien ist, dass wir mit ihnen nicht nur einen einzigen, sondern vier verschiedene Lebensberichte über diesen sünd- und makellosen Menschen haben, den fleischgewordenen Sohn Gottes. Die Evangelien sind tatsächlich ein stetes Wunder und verdienen es, dass wir sie besser kennen lernen. Wie würde Gott sein, wenn er Mensch würde und auf der Erde lebte? Matthäus, Markus, Lukas und Johannes liefern uns Augenzeugenberichte eines solchen Lebens. Sie beschreiben die fehlerlose Vollkommenheit dessen, der wahrer Gott und wahrer Mensch ist. Diese Evangelisten haben ihre Geschichten nicht erfunden. Sie haben einfach das aufgeschrieben, was sie tatsächlich gesehen und gehört haben (siehe z. B. 1. Johannes 1,1). Der Herr Jesus selbst war sowohl die Person, die sie beschrieben, als auch der Urheber, der sie bei ihrem Schreiben leitete. Es ist sicherlich eine logische Annahme, dass nur eine vollkommene Person uns über einen solchen Menschen wie er informieren könnte! Anders ausgedrückt: Nur Gott selbst kann uns ein wahres Bild von ihm vermitteln.

Theodore Parker, ein amerikanischer Ungläubiger, schrieb: »Messen Sie Jesu Größe an dem Schatten, den er auf diese Welt wirft, nein, an dem Licht, das er darauf strahlt. Sollen wir etwa glauben, eine solche Person habe niemals gelebt? Die ganze Geschichte sei eine Lüge? Stellen Sie sich vor, Plato oder Isaac Newton hätten niemals gelebt. Aber wer hat dann ihre Werke vollbracht und ihre Gedanken gedacht? Man braucht einen Newton, um einen Newton zu fälschen. Welcher Mensch hätte Jesus erfinden können? Niemand als Jesus selbst.«[31]

»Sogar der Philosoph John Stuart Mill stellte heraus, dass es keinen Zweck hat zu behaupten, die vier Evangelisten hätten einen derart majestätischen Charakter erfunden. Das wäre nicht nur *ein* Wunder, sondern vier.«[32] Sir Robert Anderson sagte: »Wenn wir die Inspiration der Evangelien abstreiten, sind wir damit gezwungen, der Kompetenz der Autoren eine noch höhere Wertschätzung entgegenzubringen.« Und Rousseau, ein überzeugter und eingefleischter

Ungläubiger, stimmte diesem Urteil zu: »Es fällt schwerer zu glauben, dass mehrere Personen übereingekommen sind, eine derartige Biografie zu verfassen, als zu glauben, dass tatsächlich jemand gelebt hat, auf den diese Biografie zutrifft. Diese jüdischen Autoren waren keine begabten Dichter, und die Morallehre der Evangelien war ihnen fremd. Die Anzeichen für die Wahrheit der Evangelien sind so überzeugend und unnachahmbar, dass der Erfinder eine noch erstaunlichere Person wäre als der Held selbst.«[33]

Der vollkommene Charakter

Denken Sie einen Augenblick über das Leben Jesu Christi nach, wie es im Neuen Testament dokumentiert ist. Alles in seinem Leben und an seiner Person ist absolut perfekt. Sein Charakter ist völlig makellos. Niemals beging er eine Sünde (1. Petrus 2,22). Er hatte keine sündige Natur, denn es war keine Sünde in ihm (1. Johannes 3,5). Er kannte keine Sünde (2. Korinther 5,21). Er konnte eine Frage stellen, die noch nicht einmal die heiligsten seiner Anhänger zu fragen wagten: »Wer von euch überführt mich auch nur einer Sünde?« (Johannes 8,46).

Ist es nicht wunderbar zu beobachten, dass er niemals sagte: »Ich denke« oder: »Ich meine« oder: »Ich vermute«? Wenn er durch solche Bemerkungen ein begrenztes Wissen eingestanden hätte, wäre das seiner Gottheit nicht gerecht geworden. Außerdem brauchte er sich niemals zu entschuldigen oder zu sagen »Es tut mir leid«. Jemand sagte, Jesus »wiederrief nie ein Wort, trat niemals einen Schritt zurück«.[34] Man kann sich keinen guten Charakterzug ausdenken, den Jesus nicht besaß, sei es Liebe, Freundlichkeit, Demut, Geduld, Sanftmut, Ehrlichkeit, Selbstbeherrschung oder irgendeine andere Tugend. Und Jesus besaß nicht allein alle Tugenden, sondern zudem waren sie in ihm in vollkommener Ausgewogenheit vereint. Manche Menschen sind zwar sehr ehrlich, aber nur mäßig freundlich, andere sind geduldiger, als sie demütig sind. Doch Jesus Christus vereinte alle diese Charaktereigenschaften in vollkommener Harmonie in sich. Sein Charakter ist eine vollkommene Mischung aus Tugenden, die in seinem Leben harmonisch zum Ausdruck kommen. Als er Beispielsweise mit der Frau sprach, die auf frischer Tat beim Ehebruch ertappt worden war, zeigte er vollkommene Gnade und gleichzeitig vollkommene Wahrheit: »Jesus aber sprach zu ihr: Auch ich verurteile dich nicht.« Das ist *Gnade*. Dann fügte er hinzu: »Geh hin und sündige von jetzt an nicht mehr!« – das ist *Wahrheit* (Johannes 8,11). So konnte Johannes über ihn schreiben: »Die Gnade und die Wahrheit ist durch Jesus Christus geworden« (Johannes 1,17). Ein Autor beschrieb eine Besonderheit an Jesu Charakter so:

Einige Charaktereigenschaften des Herrn Jesus sind besonders bemerkenswert, denn obwohl sie für uns alltäglich sind, widersprachen sie den Idealen seiner damaligen Zeit. Seinen Mut, seine Aufrichtigkeit und seinen religiösen Eifer konnten damals die besten Männer wertschätzen, doch mindestens drei seiner Charakterzüge entsprachen nicht ihrer Vorstellung von einem vollkommenen Menschen. Patriotismus hätten sie verstehen können, aber eine uneingeschränkte Liebe zu Menschen jeder Herkunft und jeglichen Zustands war ihnen unbegreiflich. Eine gewisse geschlechtliche Anziehung, Familienbande oder soziale oder verwandtschaftliche Verbindungen gibt es überall, aber Liebe zu denen, die nicht unserer Familie oder Gruppe angehören oder sogar potenzielle Feinde sind, kann man nur von Jesus Christus lernen …

Eine andere Charaktereigenschaft Jesu, die damals nicht wertgeschätzt wurde, war Vergebungsbereitschaft. Die damalige Einstellung kommt treffend auf der Inschrift des Sulla-Grabmals in Rom zum Ausdruck: »Kein Freund hat mir jemals so viel Gutes getan noch ein Feind jemals so viel Böses, dass ich es ihnen nicht mit Zinsen zurückerstattet hätte.« Jesus hingegen vergab seinen Mördern ... Drittens lehrte Jesus uns die Tugend der Demut. Er wählte seine Freunde unter den Ungebildeten und Niedrigen, und obgleich er ihr Meister und Herr war, zögerte er nicht, ihre Füße zu waschen, als sie von der Reise schmutzig waren, und ihnen ein Frühstück zu bereiten, als sie die ganze Nacht gefischt und nichts gefangen hatten.[35]

Gott in Menschengestalt

Es ist einfach überwältigend darüber nachzudenken, dass in Jesus Gott und Mensch in einer Person vereint sind. Er ist nicht teilweise Gott und teilweise Mensch, sondern ganzer Gott und ganzer Mensch in absoluter Vollkommenheit. Am Grab von Lazarus weinte er, und wenige Augenblicke später erweckte er Lazarus von den Toten (Johannes 11,35.43-44). Derselbe Jesus, der beim Sturm im Fischerboot schlief, stand auf, als ihn die verzweifelt um Hilfe rufenden Jünger geweckt hatten, und gebot den brausenden Wellen Einhalt (Markus 4,38-39).

Die Wunder des Herrn Jesus wurden oft angeführt als eine Gruppe großartiger Beweise für seine wesensmäßige und ewige Gottheit, und dieser Anspruch ist wahr: »Auch viele andere Zeichen hat nun zwar Jesus vor den Jüngern getan, die nicht in diesem Buch geschrieben sind. Diese aber sind geschrieben, damit ihr glaubt, dass Jesus der Christus ist, der Sohn Gottes, und damit ihr durch den Glauben Leben habt in seinem Namen« (Johannes 20,30-31). Die Kritiker weisen jedoch darauf hin, dass auch andere Personen Wunder gewirkt haben und versuchen somit den Retter auf die Ebene anderer Menschen zu reduzieren. Doch wer hat jemals so viele und so erhabene Wunder über einen so langen Zeitraum gewirkt?

Als einmal die Juden zu Jesus kamen, um ihn zum König zu machen, zog er sich zurück (Johannes 6,15). Das ist bemerkenswert, weil es dem gewöhnlichen Verhalten der Menschen widerspricht. Warum tat er das? Erstens wollte er nicht über Menschen regieren, die nicht die passende moralische Verfassung dafür hatten. Und zweitens wusste er: Bevor er zum Thron der Herrlichkeit in den Himmel aufstieg, um von dort zu herrschen, musste er das Opfer auf dem Altar des Kreuzes darbringen und so das Erlösungswerk vollbringen.

Moralische Vollkommenheit

Wenn man betrachtet, wie geduldig der Herr unter extremen Herausforderungen und Schwierigkeiten war (z. B. Matthäus 26,62.63), kann man nur voll Bewunderung staunen. Seine völlige Freiheit von Selbstliebe unterscheidet ihn vom Rest der Menschheit (siehe z. B. Lukas 23,33.34). Man beachte außerdem, wie völlig furchtlos er die Pharisäer tadelte, obwohl er wusste, dass sie ihn dafür hassen und seine Ermordung planen würden (Matthäus 23,13.34).

Als seine Gegner ihn fragten: »Wer bist du?«, antwortete Jesus: »Durchaus das, was ich auch zu euch rede« (Johannes 8,25). Anders ausgedrückt, sagte der Herr: »Ich bin genau das, was ich euch predige.« Der Herr *verkörperte* in seinem Leben exakt das, was er in seiner Verkündigung forderte, und darin ist er völlig einzigartig.

Bellett stellt heraus: Es stimmte völlig mit seiner moralischen Vollkommenheit überein, dass er nach der Speisung der Fünftausend seinen Jüngern befahl, die Essensreste aufzusammeln, damit nichts verschwendet wird (Johannes 6,12).[36] Welcher rein menschliche Autor hätte ein solches Detail vermerkt, wenn er die Geschichte von Jesus nur erfunden hätte?

Der Herr Jesus tat stets nur Gutes und erwartete keine Gegenleistung. Als er für seine Wohltaten Hass erntete, zahlte er das mit Freundlichkeit zurück, und als er ans Kreuz genagelt wurde, sagte er: »Vater, vergib ihnen! Denn sie wissen nicht, was sie tun« (Lukas 23,34). Es ist wunderbar sich vorzustellen, wie dieser segensreiche Mensch durch die Straßen Jerusalems ging und dabei jeden Gedanken von allen Vorübergehenden kannte. Doch obwohl er allwissend war, stellte er niemals jemanden dadurch bloß und brachte niemanden in Verlegenheit (Johannes 2,25).

Eine weitere erstaunliche Eigenschaft an ihm ist, dass er sich mit den veränderlichen Jahren selber nicht veränderte. Er war keinen launischen Stimmungswechseln unterworfen, wie wir es sind. Er war immer dieselbe liebevolle, großzügige, sanftmütige und gerechte Person – »Jesus Christus ist derselbe gestern und heute und in Ewigkeit« (Hebräer 13,8). Als Paulus an Timotheus schrieb: »Groß ist das Geheimnis der Gottseligkeit: Gott ist geoffenbart worden im Fleisch« (1. Timotheus 3,16), sagte er damit mehr als irgendein erschaffener Verstand je begreifen wird. Das Leben des Herrn Jesus stellt das größte Wunder aller Zeiten dar! Wenn jemand Beweise für die Echtheit der Bibel braucht, sollte die Beschreibung des Lebens Jesu Beweis genug sein.

Die Zurückhaltung des Wortes Gottes

Aber das ist nicht alles. Es ist bemerkenswert, wie die Schreiber der vier Evangelien die Geschichte dieses wunderbaren Lebens erzählen, ohne in überschwängliche Begeisterungsausbrüche zu verfallen oder Superlative aufzuhäufen. Dr. A. T. Schofield schrieb: »*Wir* mögen frei heraus unsere Bewunderung für das vortreffliche Handeln unseres Herrn zum Ausdruck bringen. Für uns ist es recht und hilfreich, den Lobpreis auszudrücken, der durch solches Bibelstudium in unseren Herzen aufsteigt. Doch stellen wir fest – und für mich ist das einer der stärksten Beweise für die Verbalinspiration –, dass dies *den Schreibern der Evangelien* nicht gestattet war. Ihr Stift wurde vom Geist Gottes gehalten, damit sie schlicht und einfach das wunderbare Leben Jesu aufzeichneten, ohne eine einzige Anmerkung der Bewunderung, Verehrung oder auch nur Würdigung der Wunder, die aus ihren Stiften flossen. Das ist das Wunder des Wortes Gottes. Ich behaupte, dass ein Schreiber, der nicht in solcher Weise zurückgehalten wird, unmöglich die Geschichte eines solchen Lebens verfassen könnte, ohne ständig Ausdrücke der Bewunderung und des Entzückens von sich zu geben über den Charakter, den er offenbart.«[37]

Ein Eindruck vom wunderbaren Leben des Herrn Jesus ist zusammengefasst in einem kurzen Artikel eines unbekannten Autors mit dem Titel »Ein einzigartiges Leben«:

Hier haben wir einen jungen Mann, den Sohn einer armen Frau, der in einem abgelegenem Dorf geboren wurde und in einem anderen Dorf aufwuchs. Bis zu seinem dreißigsten Lebensjahr arbeitete er als Zimmermann und wirkte dann drei Jahre lang als Wanderprediger. Er schrieb nie ein Buch. Er bekleidete nie ein öffentliches Amt. Er besaß niemals ein Haus und gründete keine Familie. Er besuchte niemals eine höhere Schule und betrat nie eine Großstadt. Er entfernte sich nie weiter als 400 Kilometer von seinem Geburtsort. Er tat niemals etwas, was man normalerweise im Zusammenhang mit Popularität erwarten würde. Er hatte nichts anderes vorzuweisen als sich selbst.

Als er noch ein junger Mann war, wendete sich die Flut der öffentlichen Meinung gegen ihn. Seine Freunde liefen ihm davon. Er wurde seinen Feinden überliefert. Er musste die Verspottung bei einer Gerichtsverhandlung über sich ergehen lassen. Dann wurde er zwischen zwei Verbrechern an ein Kreuz genagelt. Während er in Todesqualen litt, verlosten seine Henker unter sich seinen einzigen Besitz: sein Obergewand. Als er tot war, hatte ein Freund Mitleid mit ihm und stellte ihm ein Grab zur Verfügung. Nun sind neunzehn Jahrhunderte ins Land gezogen, und heute ist er die zentrale Gestalt der Menschheit und geht ihrer Kolonne voran in die Zukunft. Ich übertreibe nicht, wenn ich behaupte: Alle jemals aufmarschierten Armeen, alle jemals in See gestochenen Flotten, alle jemals einberufenen Parlamente und alle Könige, die jemals regierten, bewirkten zusammengenommen nicht so viel für das Leben der Menschen wie dieses einzigartige Leben.

Napoleon sagte: »Ich kenne Menschen, und ich sage, dass Jesus Christus kein bloßer Mensch ist. Oberflächliche Denker sehen eine Ähnlichkeit zwischen ihm und den Gründern von Weltreichen und den Göttern anderer Religionen. Doch eine solche Ähnlichkeit existiert nicht ... Alles an ihm erstaunt mich und sein Wille verwirrt mich. Es gibt keinerlei gemeinsame Basis, um ihn mit irgendeinem anderen Menschen zu vergleichen. Er ist wahrhaft ein ganz besonderes Wesen.«[38]
A. T. Schofield schrieb:

Die Person Jesu nimmt eine Seele nach der anderen gefangen, ganz gleich welchen Ranges, welcher Abstammung oder welchen Geschlechts. Nicht die Indizien für die Wahrheit der heiligen Schrift, nicht die Weisheit oder der literarische Anmut ihrer Worte ziehen das Herz eines Menschen an und überwinden seine Voreingenommenheit oder Gleichgültigkeit – oder höchstens nur sehr geringfügig. Vielmehr bewirkt dies die Person – das vergangene, gegenwärtige und zukünftige Leben des einen Charakters in aller Geschichte – der Herr Jesus Christus, der Jesus von Bethlehem, von Nazareth, von Kapernaum, von Nain, Tyrus, Sidon, Bethanien, von Jerusalem, Gethsemane, Golgatha, Emmaus, von der Morgendämmerung am See Genezareth, vom Ölberg, von der Himmelfahrt. Dieser Mensch ist es noch mehr als seine heiligen Lehren, der das Ideal und die Hoffnung jedes bußfertigen Herzens ist; die Ärmsten, Niedrigsten und Schuldigsten unter uns können auf diesen Menschen nicht anders reagieren, als ihn zu lieben, obwohl sie ihn nicht gesehen haben.[39]

Kapitel 8

Die Abstammung Jesu

Die messianische Abstammungslinie

Der Stammbaum des Herrn Jesus liefert ein weiteres erstaunliches Beweisstück dafür, dass Gott der Autor der Bibel ist. Während der ganzen alttestamentlichen Zeit gab es immer wieder konkrete Prophezeiungen über die Abstammung des erwarteten Messias und über die dafür zu erfüllenden Bedingungen. Beispielsweise musste er

1.) aus der Nachkommenschaft Abrahams stammen (1. Mose 22,17; vgl. Galater 3,16)
2.) aus dem Stamm Juda sein (1. Mose 49,10)
3.) aus dem Haus Davids stammen (2. Samuel 7,13)
4.) ein rechtmäßiges Anrecht auf den Thron Davids haben (Jesaja 9,7)
5.) von einer Jungfrau geboren sein (Jesaja 7,14)
6.) Gott sein (Jesaja 9,6)

Während der Zeit des Alten Testaments versuchten vom Teufel inspirierte Menschen oftmals, die Abstammungslinie des Messias zu unterbrechen. Zum Beispiel erließ der Pharao einen Befehl, dass alle männlichen Neugeborenen der Israeliten umgebracht werden sollten (2. Mose 1,22), und Atalja, kurzzeitig Königin über Juda, ließ alle königlichen Nachkommen ermorden (2. Könige 11,1). Tatsächlich sah es oft so aus, als könnte die Verheißung eines göttlichen Retters, auf den die erforderlichen Bedingungen zutreffen, niemals mehr in Erfüllung gehen. Doch in Wirklichkeit geschah Folgendes: Gott obsiegte nicht nur über die Bosheit der Menschen, sondern machte ihre Übeltaten sogar seinen eigenen Zwecken dienlich. Wie er das zustande brachte, ist einer der spannendsten Krimis der Bibel!

Der Davidbund

In diesem Kapitel möchten wir uns mit einem einzelnen Beispiel beschäftigen: »dem Wunder der Abstammungslinie.« Wir könnten es betiteln: »Wie der Fluch über Konja umgangen wurde.« Zunächst müssen wir in die Zeit zurückkehren, als David König über Israel war. Gott gab ihm damals zwei bedingungslose Verheißungen (Psalm 89,5). Diese Verheißungen waren: 1.) dass der Thron Davids ewig Bestand haben werde (2. Samuel 7,12) und 2.) dass seine Nachkommen auf diesem Thron sitzen werden (2. Samuel 7,13). Anders ausgedrückt: David erhielt die bedingungslose Zusage, dass seine direkten Nachfahren bewahrt werden, sodass sie auf diesem Thron sitzen können. Diese Verheißung bezog sich natürlich insbesondere auf den wichtigsten aller dieser Nachkommen: auf den erwarteten Messias.

Die Nachfahren Davids

David hatte mehrere Söhne, doch das Anrecht auf den Thron ging nur auf einen dieser Söhne über, nämlich auf Salomo (1. Könige 1,30). Nur die Nachfahren der königlichen Linie erbten das Thronrecht. Anders gesagt, konnte man Nachkomme Davids sein, ohne das Recht auf den Thron zu haben.

Die Liste der Nachkommen Davids, denen das Thronrecht erteilt wurde, ist in Matthäus 1 aufgezeichnet. Diese Liste führt direkt zu Josef, dem Verlobten Marias (Vers 16):

1.) Salomo	4.) Asa
2.) Rehabeam	5.) Josaphat
3.) Abia	6.) Joram

7.) Usia	17.) Abiud
8.) Jotham	18.) Eliakim
9.) Ahas	19.) Asor
10.) Hiskia	20.) Zadok
11.) Manasse	21.) Achim
12.) Amon	22.) Eliud
13.) Josia	23.) Eleasar
14.) Jojakin (Konja)	24.) Matthan
15.) Schealthiel	25.) Jakob
16.) Serubbabel	26.) Josef

Der Fluch über den letzten König

Nummer 14 der Liste ist Jojakin, der auch Konja genannt wurde. Wenn wir Jeremia 22,30 aufschlagen, erfahren wir, dass Gott wegen der Sünde dieses Königs einen Fluch über ihn aussprach: »So spricht der HERR: Schreibt diesen Mann auf als kinderlos, als einen Mann, dem nichts gelingt in seinen Tagen! Denn von seinen Nachkommen wird es nicht einem gelingen, auf dem Thron Davids zu sitzen und weiterhin über Juda zu herrschen.« Dieser Fluch bedeutete nicht unbedingt, dass Konja selbst niemals Kinder haben sollte, sondern vielmehr, dass keiner seiner Nachkommen jemals auf dem Thron Davids sitzen wird. Damit waren die rechtmäßigen Thronerben vom Thron verbannt.

Wenn wir wieder zum Stammbaum von Matthäus 1 zurückkehren, sehen wir, dass Josef, der Verlobte von Maria, ein direkter Nachkomme Konjas war. Das bedeutet, dass Josef zwar rechtmäßiger Thronerbe Davids war, da er der königlichen Linie Salomos entstammte, doch konnte er niemals auf diesem Thron sitzen, weil er unter dem Fluch über Konja stand. Doch darüber hinaus hatte diese Tatsache noch größere Tragweite: Wäre Jesus der tatsächliche Sohn Josefs gewesen, hätte auch er unter diesem Fluch gestanden und wäre niemals imstande gewesen, auf dem Thron Davids zu sitzen.

Dadurch ergibt sich ein schwerwiegendes Problem. Drei wichtige Bedingungen müssen erfüllt sein, die jedoch offenbar unmöglich alle drei zugleich erfüllt werden können:

1.) Jesus musste ein *direkter* Nachkomme Davids sein (um Gottes Verheißung an David zu erfüllen, dass Davids Nachkomme auf seinem Thron sitzen wird).
2.) Er musste auch der *rechtmäßige* Sohn von einem Nachkommen Konjas sein, um das *Anrecht* auf den Thron Davids zu erben.
3.) Er konnte kein *echter* Sohn eines Nachfahrens von Konja sein, denn dann hätte er unter Gottes Fluch über Konja gestanden.

Die Lösung des Problems

Konnte ein derartiges Problem jemals gelöst werden? Ja, Gott löste es durch das Wunder der jungfräulichen Geburt. Das verlangt unsere besondere Aufmerksamkeit. Der Stammbaum in Matthäus 1 verfolgt die königliche Linie von David bis Josef. Jesus war aber nicht der *echte* Sohn Josefs, denn bis zur Geburt Jesu hatte Josef mit seiner Frau Maria noch keinen Verkehr gehabt (Matthäus 1,25). Aber Josef nahm Jesus als seinen rechtmäßigen Sohn an und so erbte der Herr das Anrecht auf den Thron Davids. Jesus wurde der *rechtmäßige* Sohn Josefs, obwohl er nicht sein *leiblicher* Sohn war.

Nun bleibt aber immer noch eine Bedingung unerfüllt: Die Prophezeiung sagte, dass der Messias ein *direkter* Nachkomme Davids sein werde. Traf diese Bedingung auf Jesus zu? Die Antwort findet sich in Lukas 3,23-38, wo Marias Stammbaum aufgezeichnet ist. (Nach jüdischen Brauch wird die Frau selbst nicht genannt, stattdessen ihr Mann. Deshalb steht in Vers 23 nicht »ein Sohn der Maria«, sondern »ein

Sohn des Josef«.) Dort sehen wir, dass Maria direkt von David abstammte, zwar nicht aus der königlichen Linie Salomos, auf welcher der Fluch über Konja lag, sondern durch Davids Sohn Nathan (Vers 31). Somit betraf der Fluch über Konja weder sie noch ihr Kind.

So können wir zusammenfassen. Jesus war der *leibliche* Sohn Marias und somit ein direkter Nachkomme Davids. In ihm erfüllte sich Gottes Verheißung, dass David in Ewigkeit einen Sohn haben wird, der auf seinem Thron sitzt. Jesus war der *rechtmäßige* Sohn Josefs, da Josef ihn als solchen annahm. Somit erbte Jesus das Anrecht auf den Thron Davids. Aber er war kein leiblicher Sohn Josefs und entging daher dem Fluch über Konja.

Nun müssen wir fragen: Wer hat dieses wunderbare Zusammenwirken von Umständen zustandegebracht? Erfordert ein solcher Kunstgriff, der sich über mehrere Jahrhunderte erstreckt, nicht einen Erfinder, der die Jahrhunderte überblickt und im Griff hat? Die Abstammung Jesu ist sicherlich ein Werk Gottes. Kein Menschenverstand hätte die Abstammungslinie des Messias jemals in dieser Weise planen und durchführen können, wie sie sich in diesen göttlichen Verheißungen erfüllt hat, und dabei durch das Wunder der Jungfrauengeburt dem Fluch entgehen können.

Kapitel 9

Der Rettungsplan des Evangeliums

Gottes Heilsplan ist für den Menschen ein Ärgernis

Wenn wir die Indizien für die Glaubwürdigkeit der Bibel betrachten, dürfen wir einen der größten Beweise für die göttliche Inspiration nicht übersehen: den eindrucksvollen Plan der Errettung, den die Bibel offenbart. Ganz offensichtlich hat kein Mensch die Botschaft des Evangeliums erfunden, weil der Inhalt dieser Botschaft dem Menschen zuwider ist. Menschlich gesagt, gibt es nichts an Gottes Weg der Errettung, was auf etwaige Anhänger attraktiv wirken würde. Doch erstaunlicherweise drängten sich Menschen in Scharen auf diesem Weg ins Reich Gottes, seitdem die Einladung des Evangeliums zum ersten Mal verkündet wurde (Lukas 16,16).

In der Bibel wird bereits vorausgesagt, dass ihre Botschaft für den natürlichen Menschen unpopulär ist, denn sie beschreibt das Evangelium mit Ausdrücken wie »das Ärgernis des Kreuzes« (Galater 5,11), »die Torheit der Predigt« (1. Korinther 1,21) und »ein Stein des Anstoßes« (1. Korinther 1,23). Das Kreuz ist ein Ärgernis für die Morallehre, weil es bedeutet, dass Werke niemanden gerecht machen; es ist ein Ärgernis für die Philosophie, weil es nicht nur Verstand, sondern Glauben verlangt; das Kreuz ist ein Ärgernis für die Kultur, weil die Wahrheit des Evangeliums auch kleinen Kindern offenbart wird; es ist ein Ärgernis für das Klassendenken, weil Gott die Armen und die Niedrigen erwählt; und es ist ein Ärgernis für den eigenen Willen, weil es zu bedingungsloser Ergebung aufruft.

Ein Schlag gegen den menschlichen Stolz

Zu den ersten Botschaften, die ein Evangelist seinem Hörer mitteilen muss, gehört die Tatsache, dass er ein verlorener und schuldiger Sünder ist (Römer 3,10-18). Das ist für den Hörer natürlich eine Beleidigung, die seine Vorstellung von seiner eigenen moralischen Ehrenhaftigkeit verletzt. Er rühmt sich, besser zu sein als seine Mitmenschen und kann den Gedanken nicht dulden, er sei nicht gut genug für den Himmel. Wenn man ihm die ganze Wahrheit sagt – dass er in Gottes Augen durch und durch verdorben ist –, ist ihm das wirklich zu viel und folglich verschließt er seine Ohren für die christliche Botschaft, wenn nicht der Heilige Geist an seiner Seele wirkt.

Als nächster Schritt muss dem Sünder gesagt werden, dass er Errettung braucht: »Wenn ihr nicht Buße tut, werdet ihr alle ebenso umkommen« (Lukas 13,3.5). Das ist ein erschütternder Schlag gegen sein Ego. Bisher hat er großen Wert auf seine Unabhängigkeit gelegt. Vielleicht ist er ein erfolgreicher Geschäftsmann, oder er ist sehr religiös und arbeitet sogar aktiv in der Kirche mit. Die Botschaft, dass er ins ewige Verderben fährt, wenn er in seinen Sünden stirbt, steht definitiv im Widerspruch mit allem, was er geglaubt hat oder glauben möchte (Johannes 5,40).

Aber damit nicht genug! Jeder, der sich überlegt, Christ zu werden, muss einsehen, dass er sich nicht selbst retten kann: »… dass der Weg des Menschen nicht in seiner Macht steht und dass es keinem, der geht, gegeben ist, seinen Schritt zu lenken« (Jeremia 10,23). Das ist eine bittere und schwer zu schluckende Pille! Der Sünder glaubt, dass er sehr wohl viel tun kann. Muss er wirklich glauben, dass »all unsere Gerechtigkeiten wie ein beflecktes Kleid« sind (Jesaja 64,6)?

Der einzige Retter

Dann hört er, dass es nur einen gibt, der retten kann, und dass ist der Herr Jesus Christus, der gesagt hat: »Ich bin der Weg und die Wahrheit und das Leben. Niemand kommt zum Vater als nur durch mich« (Johannes 14,6). Das verletzt sicherlich seine Ansichten von religiöser Toleranz und philosophischer Freiheit. Wenn der christliche Glaube von sich behauptet, der einzig wahre Glaube zu sein, dann will er diesen Glauben nicht haben. Er zieht es vor, nicht engstirnig, sondern »weitherzig« zu sein und zu glauben, dass alle Religionen etwas Gutes an sich haben und dass sie alle irgendwie zu Gott führen.

Außerdem wird er die grundlegenden Lehren über Jesus Christus ablehnen. Er meint, die Jungfrauengeburt sei ziemlich unlogisch (Matthäus 1,18). Ihm bereitet der Gedanke Schwierigkeiten, dass Jesus sowohl Gott als auch Mensch in einer Person ist (Johannes 1,1.14). Die Lehre, dass der Herr Jesus stellvertretend für Sünder wie ihn starb, erscheint ihm ungerecht, und sein inneres Feingefühl rebelliert gegen die biblische Lehre, dass Jesu vergossenes Blut am Kreuz das Lösegeld für Sünder war (Galater 2,20; 1. Petrus 1,18.19). Die buchstäbliche, leibhaftige Auferstehung Jesu (1. Korinther 15,20) bereitet ihm Schwierigkeiten, weil etwas Derartiges seinen Erfahrungshorizont übersteigt.

Der einzige Weg

Als nächstes muss ihm gesagt werden, dass es nur einen Weg gibt, wie ein Sünder gerettet werden kann: durch Glauben an den Herrn Jesus Christus (Johannes 6,47). Das ist ihm ein widerwärtiger Gedanke, da es ihm den Boden unter seinen Füßen wegreißt. Er hat sich bisher auf seinen »guten Charakter« verlassen, auf seine Taten der Nächstenliebe, seinen Kirchenbesuch und auf seinen guten Ruf in seinem Bekanntenkreis. Doch nun soll er das alles verwerfen und als bußfertiger Sünder zum Herrn Jesus kommen. Er darf nichts tun, was ihm einen Grund zu Stolz liefern würde. Nichts anderes kann er tun als nur an Jesus zu glauben. Das ist eine völlig unrühmliche Tat, aber die einzige einsichtsvolle, vernünftige, logische Tat, wie ein Mensch sich gegenüber seinem Schöpfer verhalten kann.

Noch eine demütigende Tatsache

Und als würde das noch nicht ausreichen, um ihn in den Staub zu demütigen, wird ihm als nächstes gesagt: »Nicht viele Weise nach dem Fleisch, nicht viele Mächtige, nicht viele Edle sind (von Gott berufen); sondern das Törichte der Welt hat Gott auserwählt, damit er die Weisen zuschanden mache; und das Schwache der Welt hat Gott auserwählt, damit er das Starke zuschanden mache. Und das Unedle der Welt und das Verachtete hat Gott auserwählt, das, was nicht ist, damit er das, was ist, zunichte mache, dass sich vor Gott kein Fleisch rühme« (1. Korinther 1,26-29). So wird ihm also ein Glaube vorgestellt, bei dem gesellschaftliches Ansehen keinen Vorteil bietet und in welchem die Mitgläubigen üblicherweise die Demütigen dieser Erde sind: Sklaven, Fischer und »niedriges Gesindel«.

Die Bedingungen der Jüngerschaft

Außerdem sollte bei der Verkündigung des Evangeliums nicht vergessen werden, dass der Herr Jesus strengste Bedingungen für diejenigen auferlegte, die ihm folgen wollten. Diese Bedingungen widersprechen jeder Marketing-Strategie zur Gewinnung einer möglichst großen Anhängerschar. Er forderte eine absolute Liebe zu ihm, die Vorrang hat vor allen irdischen Beziehungen (Lukas 14,26). Er rief auf, allem irdischen Besitz zu entsagen, um ihm mit Hingabe und Leidenschaft zu folgen (Lukas 14,33). Er bestand darauf, dass man sich selbst verleugnet, auf alle sogenannten »Rechte« verzichtet und bereit ist, ihm sogar bis in den Tod zu folgen (Lukas 9,23-24). Darüber hinaus sagte er, dass jeder wahre Gläubige Leid erfahren wird (Johannes 16,33), dass solche, die gottesfürchtig leben wollen, verfolgt und Feuerproben nicht ungewöhnlich sein werden (2. Timotheus 3,12; 1. Petrus 4,12).

Weitere einschränkende Faktoren

Und trotz all dieser offensichtlichen Erschwernisse, die es nicht leicht machen, das Evangelium anzunehmen, könnte man immer noch einwenden, dass ein begabter Redner wahrscheinlich etliche Leute überreden könnte, Christen zu werden. Doch Gott hat es so gefügt, dass nicht nur die Botschaft, sondern auch die Methode ihrer Verkündigung nach normalem Ermessen scheitern müsste.

Erstens geht der Evangelist nicht hinaus, um Menschen aus eigener Kraft zu bekehren, denn die Errettung ist ausdrücklich nicht »aus dem Willen des Menschen« (Johannes 1,13). Zweitens darf er sich nicht auf seine Redegabe oder sein Wissen verlassen, um Ergebnisse zu erzielen, denn dann würden die Hörer aufgrund einer falschen Motivation angezogen. Nichts darf die wahre Bedeutung des Kreuzes Jesu verschleiern (1. Korinther 1,17; 2,1.4). Drittens hängen die Ergebnisse seiner Verkündigung davon ab, ob er selber heilig lebt (Johannes 15,4), ob andere Christen im Gebet hinter ihm stehen (2. Korinther 1,11) und von der Haltung, mit welcher seine Zuhörer die Botschaft aufnehmen (Apostelgeschichte 17,32). Und schließlich hängen die Resultate seines Wirkens vom souveränen Eingreifen des Heiligen Geistes Gottes ab (Johannes 3,8).

Wenn man, um Christ zu werden, nichts anderes tun müsste, als bloß einem formalen Glaubensbekenntnis zuzustimmen oder sich einer Kirche anzuschließen, dann könnte der Evangelist morgens vernünftigerweise ganz zuversichtlich sein, dass er abends viele »Bekehrte gemacht« haben wird. Doch der Evangelist kann nichts anderes tun, als in der Kraft des Heiligen Geistes treu das Evangelium verkündigen, für

Ergebnisse der Verkündigung beten und dann darauf warten, dass Gott das Werk an den Herzen zu seiner eigener Zeit und auf seinem eigenen Weg vollbringt.

Der Triumphzug des Evangeliums

Deshalb sagen wir nochmals: Weder die Botschaft noch die Methode der Evangelisation ist so gestaltet, dass zu erwarten wäre, dass in aller Welt hingegebene Jünger Jesu gewonnen werden. Wenn jemand eine Werbemethode entwerfen sollte, die nach menschlichem Ermessen zum Scheitern verurteilt ist, könnte er sich wohl kaum eine mehr zum Scheitern verurteilte Methode ausdenken, als die der biblischen Evangelisation. Doch trotz dieser offensichtlichen Nachteile und Erschwernisse hat das Evangelium einen glorreichen Triumphzug gehalten! Es wurde auf allen Kontinenten unter großer menschlicher Schwachheit verkündet und hat dabei eine große Schar leidenschaftlicher Jünger geworben, die bereit sind, für jemanden zu sterben, den sie noch nie gesehen haben. Menschen jeglicher Hautfarbe, Herkunft, Kultur und Lebensweise – allesamt Sünder – haben sich dem Retter Jesus Christus zu Füßen geworfen und ihn als Herrn ihres Lebens und als Herrn des Himmels und der Erde anerkannt!

Da können wir nur demütig eingestehen, dass kein Mensch jemals dieses Evangelium hätte erfinden können. Die Bibel bezeugt es selbst, dass sie Gottes frohe Botschaft ist – eine Botschaft, die von Gottes Weisheit ermöglicht wurde und von Gottes Macht begleitet wird.

Kapitel 10

Die Bibel bleibt bestehen

Die Bibel ist ihr eigener Beweis

Wir könnten noch viel mehr Indizien für die Wahrheit der Bibel vorbringen, doch mehr sind gar nicht nötig. Die Tatsache bleibt bestehen, dass die Bibel selbst ihr bester Beweis ist. Sie selbst enthält alle Bestätigungen ihrer Glaubwürdigkeit. Der Glaube nimmt die Bibel an, weil sie das Echtheitssiegel ihres göttlichen Autoren trägt.

Der Mensch hat stets die Einstellung: »Sehen ist glauben«. Als der Herr Jesus am Kreuz hing, sagten seine Feinde: »Der Christus, der König Israels, steige jetzt herab vom Kreuz, damit wir sehen und glauben!« (Markus 15,32). Doch Gottes Methode, um seine Geschöpfe zum Glauben zu bewegen, ist genau umgekehrt. Zu Martha sagte der Herr Jesus: »Habe ich dir nicht gesagt, *wenn* du glaubtest, *dann* würdest du die Herrlichkeit Gottes sehen?« (Johannes 11,40). Der Psalmist brachte dasselbe Prinzip zum Ausdruck: »Ich glaube aber doch, dass ich sehen werde das Gute des HERRN im Lande der Lebendigen« (Psalm 27,13, Luther). Und die griechische Übersetzung des Alten Testaments gibt Jesaja 7,9 so wieder: »Glaubt ihr nicht, so werdet ihr nicht sehen!« In Hebräer 11,3 lesen wir die bedeutungsschwangere Aussage: »Durch Glauben verstehen wir ...«

Von Natur aus sucht das Herz nach einem sichtbaren Wunder als Grundlage für seinen Glauben. Doch Jesus akzeptiert diese Art von »Glauben« nicht. Sir Robert Anderson stellt heraus, dass Wunder an sich keinen Beweis für den christlichen Glauben liefern, da es auch Wunder aus teuflischen Quellen gibt. Jesus stellt bei seinen Wundern heraus, dass sie moralischen Charakter haben, dass sie im Alten Testament prophezeit worden waren und dass er solche Wunder wirkte, wie sie kein anderer Mensch jemals gewirkt hat.[40]

In Johannes 2,23-25 lesen wir: »Als er (Jesus) aber zu Jerusalem war, am Passa, auf dem Fest, glaubten viele an seinen Namen, als sie seine Zeichen sahen, die er tat. Jesus selbst aber vertraute sich ihnen nicht an, weil er alle kannte und nicht nötig hatte, dass jemand Zeugnis gebe von dem Menschen; denn er selbst wusste, was in dem Menschen war.« Und zu seinem Jünger Thomas sagte er: »Weil du mich gesehen hast, hast du geglaubt. Glückselig sind, die nicht gesehen und doch geglaubt haben!« (Johannes 20,29).

Jesus selbst lehrte außerdem, dass die Bibel als Grundlage des Glaubens völlig ausreicht. Dazu zitierte er Abraham, der im Totenreich einem Verlorenen antwortete, als dieser einen Auferstanden zu seinen Brüdern schicken wollte, um sie vor der Hölle zu warnen: »Wenn sie Mose und die Propheten nicht hören, so werden sie auch nicht überzeugt werden, wenn jemand aus den Toten aufersteht« (Lukas 16,31). Die Bibel beweist selber ihre göttliche Inspiration und bietet all denen Glauben an, die auf sie hören, denn »der Glaube ist aus der Verkündigung, die Verkündigung aber durch das Wort Christi« (Römer 10,17).

Die Bibel selbst ist ihre beste Verteidigung

Wie soll man dann auf Angriffe gegen die Bibel reagieren? In derselben Weise, wie der Herr Jesus auf die Angriffe seiner Feinde reagiert hat – mit dem Wort Gottes selbst. Als er in der Wüste drei Mal vom Teufel versucht wurde, antwortete er stets: »Es steht geschrieben …« und zitierte alttestamentliche Schriftstellen (Matthäus 4,4.7.10). Danach ließ der Teufel von ihm ab. Jesus hat uns ein Beispiel hinterlassen, welchem der Christ folgen soll. Jeder Jünger Jesu sollte freimütig die Bibel zitieren, um die Angriffe des Feindes abzuwehren.

Auch wenn die Gesprächspartner die Wahrheit der Bibel abstreiten, soll der Christ dennoch »das Schwert des Geistes« (Epheser 6,17) anwenden. Wenn die Bibel angegriffen wird, vermindert das nicht ihre durchschlagende Kraft. Manchmal ist der Christ versucht, dieses Schwert zu vernachlässigen und zu anderen Waffen zu greifen, wie z. B. zu logisch klingenden Argumenten, »gesundem« Menschenverstand, Philosophie oder Wissenschaft. Diese Instrumente können womöglich nützlich sein, um den Glauben von Christen zu bestätigen, doch wenn ein Christ diese Mittel beim Diskutieren mit einem Skeptiker einsetzt, wird er unweigerlich in eine Falle tappen. Allein das Wort Gottes kann den Feind zum Schweigen bringen. Jemand sagte einmal: »Ein einziger Vers aus der Bibel ist so viel Wert wie tausend Argumente.«

Dass die Bibel eine vollkommene Waffe zu ihrer eigenen Verteidigung ist, wird durch die Geschichtsschreibung reichlich bestätigt. Eines der bekanntesten Beispiele dafür aus neuerer Zeit hat mit der Bekehrung von Lord Lyttleton und Gilbert West zu tun:

Zu einer Zeit, als man sagte, der Deismus (eine Religionsauffassung, die lehrt, Gott greife nicht in das Weltgeschehen ein und der Mensch könne sich selber erlösen) habe in den gebildeten Klassen Englands triumphiert, galten die angesehenen Juristen Lord Lyttleton und Gilbert West als zwei der größten Verfechter des Rationalismus. Diese zwei brillanten Rechtsanwälte wurden als Champions darin gefeiert, alles Übernatürliche in der Bibel zu leugnen und solchen den Mund zu stopfen, die für die Bibel als das Wort Gottes eintraten. Eines Tages trafen die beiden sich in Lord Lyttletons Privaträumen, um ihre Pläne zu besprechen und einen vereinten Angriff auf die Wunder der Bibel vorzubereiten.

West erklärte, dass sie ihren Standpunkt niemals durchsetzen können, solange sie sich nicht mit der Auferstehung

Christi beschäftigt und sie als bloße Legende erwiesen haben. Lyttleton hingegen hatte entdeckt, dass die Bekehrung von Saulus das größte Hindernis für ihre Lehre darstellte. Diese in der Apostelgeschichte überlieferte Bekehrungsgeschichte musste ebenfalls als »Mythos« widerlegt werden. Sie kamen überein, dass sie beide jeweils ein Buch schreiben wollten: West ein Buch, das bewies, dass Christus nicht von den Toten auferstanden ist, und Lyttletons Buch sollte beweisen, dass Saulus von Tarsus nicht so bekehrt wurde, wie es in der Apostelgeschichte überliefert ist.

So begannen sie beide mit ihrem vereinten Angriff auf die biblischen Lehren von Christi Auferstehung und von Saulus bemerkenswerter Bekehrung durch die Kraft des verherrlichten Christus. Als angesehene Rechtsanwälte beschlossen sie bei dieser Besprechung vor Beginn ihrer Arbeit, dass sie »die Bedingung auferlegen, die Indizien zu untersuchen«, die die Bibel für diese beiden historischen Tatsachen liefert, für Christi Auferstehung und für Saulus' Bekehrung.

Bei einer weiteren Besprechung einige Zeit später gestand West gegenüber Lyttleton ein, dass sein Studium der Bibel »seinen Standpunkt etwas erschüttert« habe. Lyttleton sagte, er sei überrascht, dass »an der Bekehrung von Saulus doch irgendetwas dran sein muss«.

Nach ein paar Monaten trafen sie sich wiederum, und als West gefragt wurde, ob er sein Buch fertiggestellt habe, antwortete er: »Ja, aber es ist anders als erwartet. Als ich die Indizien für die Auferstehung Christi untersuchte und sie gemäß den anerkannten Gesetzen der Beweisführung erwog, wurde ich überzeugt, dass er tatsächlich von den Toten auferstand, so wie die Bibel es berichtet. Mein Buch ist nun ein Bekenntnis, dass ich daran glaube.«

Und Lord Lyttleton sagte: »Auch ich bin überzeugt worden, dass Saulus von Tarsus so bekehrt wurde, wie es in der Apostelgeschichte steht, und dass der christliche

Glaube der Bibel wahr ist.« Diese beiden Bücher wurden daraufhin gedruckt und befinden sich heute noch in einigen Bibliotheken.[41]

Der Grund für die meisten Schwierigkeiten mit der Bibel

Warum führen Menschen einen solch unerbittlichen Krieg gegen die Bibel? Dafür gibt es zwei allgemeine Begründungen. Erstens neigen die Menschen dazu, ihren Verstand auf den Thron zu setzen und ihren eigenen Intellekt zu rühmen. Törichterweise meinen sie, auch göttliche Dinge könnten der Prüfung durch den menschlichen Verstand unterworfen werden. Deshalb lautet für sie das ausschlaggebende Kriterium nicht mehr: »Was sagt die Bibel?«, sondern: »Ist das nachvollziehbar?« Wenn es nicht nachvollziehbar ist, schließen sie, dass es nicht wahr sein kann. Das ist natürlich genau die Weise, wie die Sünde zum ersten Mal in die Welt eindrang. Der Teufel säte Zweifel in Evas Denken bezüglich der Wahrhaftigkeit des Wortes Gottes, indem er sie fragte: »Hat Gott wirklich gesagt …?« (1. Mose 3,1). Eva öffnete dem Zweifel ihre Herzenstür und so kam die Sünde in die Welt. Paulus schreibt in 2. Korinther 11,3, dass Evas Verstand dadurch »verdorben« wurde.

Die Haltung des Christen wird uns in 2. Korinther 10,5 vorgestellt: »… so zerstören wir Vernünfteleien und jede Höhe, die sich gegen die Erkenntnis Gottes erhebt, und nehmen jeden Gedanken gefangen unter den Gehorsam Christi.« Christus und sein Wort sind die höchste Autorität. Daran muss alles geprüft werden, und jede verstandesmäßige Idee, die dieser Autorität nicht zustimmt, muss abgelehnt werden.

Doch es gibt noch einen weiteren Grund dafür, warum der Mensch so feindlich auf die Bibel reagiert: Sünde in seinem Leben. Einmal kam ein angeblicher Freund der Bibel mit einer langen Liste von Einwänden und Argumenten zu einem Prediger. Der Prediger sprach ihn sofort auf sein moralisches

Verhalten an, und daraufhin kam eine schockierende Geschichte von entsetzlicher Schande ans Licht. Ein anderer Autor berichtet:

> An einem himmelblauen Tag suchte ein Ungläubiger den Himmel mit einem Teleskop ab. Als man ihn fragte, was er da tue, antwortete er: »Ich versuche Ihren Gott zu finden, aber ich kann ihn nirgends sehen!« Daraufhin erhielt er eine passende Antwort: »Und Sie werden ihn tatsächlich niemals finden, denn es steht geschrieben: ›Glückselig, die reinen Herzens sind, denn sie werden Gott schauen (Matthäus 5,8).‹« Wie wahr und zeitlos gültig diese Antwort ist![42]

Der Mensch kann nicht von der Bibel lassen, weil sie ihn nicht lässt. Sie verurteilt seine Sünde und sein Unrecht und sagt allen, die in solcher Sündhaftigkeit verkehren, die ewige Verdammnis voraus. Gute Menschen würden nichts gegen ein gutes Buch einwenden, aber von bösartigen Menschen ist zu erwarten, dass sie das Buch hassen, das sie bloßstellt. So hat es der Herr Jesus gesagt: »Jeder, der Arges tut, hasst das Licht und kommt nicht zu dem Licht, damit seine Werke nicht bloßgestellt werden; wer aber die Wahrheit tut, kommt zu dem Licht, damit seine Werke offenbar werden, dass sie in Gott gewirkt sind« (Johannes 3,20-21). Zweifellos gibt es noch weitere Gründe für die Feindseligkeit des Menschen gegen das Buch der Bücher, aber diese beiden sind wahrscheinlich die zwei häufigsten.

Die Bibel steht und bleibt bestehen!

Auch wenn Himmel und Erde vergehen, wird Gottes Wort niemals vergehen. Die Bibel wird das Buch des Himmels sein, so wie sie unser Buch auf der Erde war. Auch wenn sie angezweifelt, verleugnet, gehasst, verbannt und verbrannt wurde, wird sie feststehen wie ein Fels, unerschüttert inmitten der brausenden Stürme der Zeit. Wer sie verwirft oder ablehnt, besiegelt damit sein eigenes ewiges Schicksal. Andererseits wird niemand, der ihr völlig geglaubt hat, jemals in seinem Glauben beschämt werden. Jemand schrieb treffend: »Wenn die Modernisten und Vertreter der historisch-kritischen Methode ausgeredet haben und das Geschrei verstummt ist, werden sich die sechsundsechzig Bücher der Bibel erheben und mit vereinter Stimme rufen: ›Ihr Herren, tut euch kein Leid an; wir sind alle hier!‹ (in Anspielung auf Apostelgeschichte 16,28).«[43] »Lasst uns darüber freuen, dass der Engel, der einst Josef in Ägypten erschien, in jedem Jahrhundert christlicher Geschichtsschreibung diese großartige Wahrheit erneut bestätigt hat: ›Sie sind gestorben, die dem Kind nach dem Leben trachteten‹ (in Anspielung auf Matthäus 2,20).«[44]

Jesus und die Bibel*

An der Frage, ob die Bibel wirklich Gottes inspiriertes, unfehlbares Wort ist, scheiden sich heute die Geister. Jesus selbst lehrt aber, dass die Bibel absolut wahr ist. Auch darf man nicht zwischen »Jesustreue« und »Bibeltreue« trennen, denn Jesus identifiziert sich so sehr mit der Bibel, dass er selbst »das Wort Gottes« genannt wird (Joh 1,1, Offb 19,13 u.a.). Im Zusammenhang mit seinen Geboten und der Inspiration des NT sagt er: »Wenn jemand mich liebt, so wird er mein Wort halten (oder bewahren, daran festhalten)« (Joh 14,23, vgl. V. 21-26).

1. Der Herr Jesus lehrt die Inspiration und absolute Wahrheit der Bibel

a) Er lehrt die Inspiration und Wahrheit des AT

- Zig Mal in den Evangelien spricht der Herr Jesus davon, dass mit ihm »erfüllt wird, was geschrieben steht«, nämlich das, was die alttestamentlichen Propheten vorausgesagt haben. Dadurch lehrt er eindeutig, dass die Propheten tatsächlich vom Heiligen Geist inspiriert waren. Er sagt, dass alle Propheten »weissagten« (Mt 11,13), also wirklich Worte Gottes redeten. Siehe z.B. Mt 11,10; 13,14; 26,24.31; Mk 7,6; 9,12-13; 14,49 u.v.m. Damit ist das geschriebene Wort der Propheten gemeint. Der Herr lehrte

---

* Der Anhang stammt von Hans-Werner Deppe; teilweise angelehnt an einen Artikel von Wolfgang Nestvogel: »Die Vertrauenswürdigkeit der Bibel«, in: *Bibel und Gemeinde*, 102. Jg., 1/2002, S. 3-15, mit freundlicher Erlaubnis.

also die Wortinspiration, bzw. - als Fremdwort – die Verbalinspiration (siehe dazu Mk 12,36).

- Immer wieder beruft Jesus sich auf die Autorität der Schrift: »Denn es steht geschrieben ...« (z.B. Mt 4,4ff; 21,13; Lk 10,26; Joh 10,34 etc.), »Habt ihr nicht gelesen ...?« (Mt 12,3.5; 19,4; 21,16.42; 22,31; Mk 2,25; 12,10.26; Lk 6,3; 10,26). Sein Handeln, z.B. die Tempelreinigung (Mt 21,13), gründet er auf diese Autorität.

- An vielen Stellen bestätigt der Herr Jesus alttestamentliche Ereignisse, darunter auch viele Wunder, die von Kritikern als Märchen abgetan werden: die Schöpfung (Mk 10,6), Kain und Abel (Mt 23,35), die Sintflut (Mt 24,38), das Gericht über Sodom und Gomorra (Lk 17,29), Mose und der brennende Dornbusch (Mk 12,26), das Manna in der Wüste (Joh 6,31), Jona im Bauch des Fisches (Mt 12,40) etc. Er sagt sogar: »Wenn ihr Moses Schriften nicht glaubt, wie werdet ihr meinen Worten glauben?« (Joh 5,47).

- Der Herr Jesus betont die Wichtigkeit jedes einzelnen Wortes und Buchstabens des ATs, z.B.: »Denn wahrlich, ich sage euch: Bis der Himmel und die Erde vergehen, soll auch nicht ein Jota oder ein Strichlein von dem Gesetz vergehen, bis alles geschehen ist« (Mt 5,18). Und ausdrücklich: »Die Schrift kann nicht aufgelöst werden« (Joh 10,35b). Er lehrte also nicht nur die Inspiration, sondern auch die Bewahrung der Schrift.

- Der Herr Jesus lehrt eindeutig, dass die AT-Autoren von Gott inspiriert waren, z.B.: »David selbst hat im Heiligen Geist gesagt ...« (Mk 12,36). Dann zitiert er einen Psalm Davids und lehrt damit, dass die Schriften von David verbalinspiriert sind. In anderen Psalmen schrieb derselbe inspirierte David: »Das Gesetz des HERRN ist vollkommen ... Die Vorschriften des HERRN sind richtig« (Ps 19,8-9). Und in Psalm 119,160 schreibt der inspirierte Psalmist: »Die Summe deines Wortes ist Wahrheit.« Unter der Inspiration des Heiligen Geistes lehren die Psalmisten also die Unfehlbarkeit der Bibel!

- Der Herr lehrt auch, dass die Bücher Mose wirklich von Mose geschrieben wurden (Joh 5,46) und dass Jesaja der Verfasser des ganzen Buches Jesaja ist - denn er zitiert aus den verschiedenen »Teilen« Jesajas und nennt den Autor stets »Jesaja« (Mt 13,14; 15,7; vgl. Mt 3,3; Joh 12,39ff). Wer lehrt, es habe einen »Deuterojesaja« gegeben, weiß es besser als Jesus selbst!

- Vielleicht am Wichtigsten ist: Das ganze Alte Testament – nicht nur die buchstäblichen Prophezeiungen – deutet und zielt auf Christus und sein Erlösungswerk hin, z.B. in vielen bildhaften »Schatten« wie Opferritualen, dem Tempel, dem Hohepriester, dem König usw. und vielen bildhaften, poetischen und teils rätselhaften Fingerzeigen. Jesus sagte, dass das AT durchweg von ihm spricht (Joh 5,39.46; Lk 24,27.44). Er erklärte seinen Jüngern alles, was im AT über ihn steht und »öffnete ihnen das Verständnis, damit sie die Schriften verständen« (Lk 24,44-45). Heute öffnet er durch das NT das Verständnis dafür, z.B. im Hebräerbrief und vielen anderen Stellen. Christus hat das AT erfüllt, und zwar nicht nur im Sinne der Erfüllung direkter Vorhersagen, sondern im Sinne des Erfüllens der eigentlichen Bedeutung und der endgültigen Ablösung vorläufiger Schattenbilder und Provisorien. Es ist offensichtlich, dass sich dies kein Mensch ersonnen hat.

b) Er lehrt die Göttlichkeit seiner eigenen Worte

- Er sagt: »Der Himmel und die Erde werden vergehen, meine Worte aber sollen nicht vergehen« (Mt 24,35). Damit erklärt er seine eigenen Worte für genauso ewig wie die Worte des Gesetzes (vgl. Mt 5,18).

- Jesus betet zum Vater: »Die Worte, die du mir gegeben hast, habe ich ihnen gegeben … Ich habe ihnen dein Wort gegeben … Heilige sie durch die Wahrheit! Dein Wort ist Wahrheit« (Joh 17,8.14.17).

- Immer wieder sagt er: »Amen, Amen, ich sage euch …« (31 mal bei Matthäus, 13 mal bei Markus, 6 mal bei Lukas, 25 mal bei Johannes), und drückt damit die göttliche Endgültigkeit seiner Worte aus. Für die Juden war klar, dass das zweifache »Amen« das Siegel absoluter göttlicher Endgültigkeit bedeutet.

c) Er beglaubigt im Voraus die NT-Schriften der Apostel

- Der Herr kündigte die Niederschrift des NT an: »Der Beistand aber, der Heilige Geist, den der Vater senden wird in meinem Namen, der wird euch alles lehren und euch an alles erinnern, was ich euch gesagt habe« (Joh 14,26). »Wenn aber jener, der Geist der Wahrheit, gekommen ist, wird er euch in die ganze Wahrheit leiten; denn er wird nicht aus sich selbst reden, sondern was er hören wird, wird er reden, und das Kommende wird er euch verkündigen« (Joh 16,13).
- Nirgends lehrt der Herr Jesus eine andere Offenbarungsquelle Gottes als allein die inspirierte Schrift – keine Erfahrungen, rein persönliche Visionen, spätere Propheten (nur falsche) oder dergleichen. Daher ist klar, dass auch zu neutestamentlicher Zeit Gottes Offenbarung allein in der vom Heiligen Geist inspirierten Schrift gegeben ist. Genau das lehren die Apostel Paulus (z.B. Röm 16,26) und Petrus (2Petr 1,20-21).

2. Der Herr Jesus lehrt die Notwendigkeit der Bibel für das ewige Leben

a) Wir müssen an den Jesus der Bibel glauben

Er sagt: »Wer an mich glaubt, *wie die Schrift gesagt hat*, aus seinem Leib werden Ströme lebendigen Wassers fließen« (Joh 7,38).

b) Das Wort Gottes schafft ewiges Leben

- »Wahrlich, wahrlich, ich sage euch: Wer mein Wort hört und glaubt dem, der mich gesandt hat, der hat ewiges Leben und kommt nicht ins Gericht, sondern er ist aus dem Tod in das Leben übergegangen« (Joh 5,24).
- »Der Geist ist es, der lebendig macht; das Fleisch nützt nichts. Die *Worte*, die ich zu euch geredet habe, *sind Geist* und sind Leben« (Joh 6,63).
- »Der Sämann sät das Wort ...« (Mk 4,14; ein Bild für die Evangeliumsverkündigung und Errettung)

c) Wir müssen uns von Gottes Wort ernähren

Jesus sagte: »Es steht geschrieben: Nicht von Brot allein soll der Mensch leben, sondern von jedem Wort, das durch den Mund Gottes ausgeht« (Mt 4,4).

d) Wir müssen das Wort Gottes kennen, studieren und richtig verstehen

Die häufigste Frage Jesu lautet: »Habt ihr nicht gelesen ...?« (Mt 12,3.5; 19,4; 21,16.42; 22,31; Mk 2,25; 12,10.26; Lk 6,3; 10,26). Er sagte auch: »Ihr irrt, weil ihr die Schriften nicht kennt« (Mt 22,29).

e) Wir müssen Gottes Wort – Jesu Worte – hören, glauben und tun

- »Meine Mutter und meine Brüder sind die, welche das Wort Gottes hören und tun« (Lk 8,21).
- »Wenn ihr in meinem Wort bleibt, so seid ihr wahrhaft meine Jünger« (Joh 8,31; vgl. Joh 14,21-26).
- »Wahrlich, wahrlich, ich sage euch: Wenn jemand mein Wort bewahren wird, so wird er den Tod nicht sehen in Ewigkeit« (Joh 8,51). Zahllose weitere Schriftstellen ließen sich nennen.

Quellen- und Literaturangaben

[1] Zitiert in: Pollock, A.J., *Is the Bible Inspired of God?*, London: Central Bible Truth Depot, S. 13.

[2] Young, D.T., *The Unveiled Evangel*, London: Epworth Press, o.J., S. 151, 152.

[3] Nach R.A. Torrey, *Talks to Men*, New York: Fleming H. Revell Co. 1904, S. 26.

[4] Scott, Walter, *About the Wonderful Book,* Hull: Walter Scott, S. 3.

[5] Scroggie, W.G., *Is the Bible the Word of God*, Chicago: Bible Inst. Colp. Ass'n. 1922, S. 121.

[6] Lee, R.G., *Be Ye Also Ready*, Grand Rapids: Zondervan 1944, S. 20.

[7] Johnstone, P., *Gebet für die Welt*, Neuhausen: Hänssler 1993, S. 34.

[8] White, Ernest, *Christinan Life and the Unconscious*, New York: Harpers, 1956, S. 109.

[9] Pierson, A.T., *Many Infallible Proofs*, New York: Fleming H. Revell 1886, S. 59.

[10] Brookes, J.H., *God Spake All These Words*, St. Louis, J.T. Smith, 1895, S. 42.

[11] Anderson, R., *Daniel in the Critic's Den*, New York: Fleming H. Revell, Co., o.J.

[12] Zitiert bei Kelly, W., *Lectures on the Book of Daniel*, Neptune, Loizeaux Brothers, S. 42

[13] Urquhart, J., *The Wonders of Prophecy*, London: Pickering & Inglis, o.J.

[14] Stewart, H., *The Stronghold of Prophecy*, London: Marshall, Morgan and Scott 1941, S. 126.

[15] Anderson, R.T., *The Coming Prince*, Grand Rapids: Kregel 1954, S. 128-129.

[16] Gibbon, E.: *Der Untergang Roms*, Essen: Phaidon Verlag, o.J., S. 472.

[17] Scofield, C.I., zitiert in Stewart, H., *The Stronghold of Prophecy*, London: Marshall, Morgan and Scott 1941, S. 10.

[18] Zitiert bei Tatford, F.A., *Is the Bible Reliable*, London: H.E. Walter, o.J., S. 20.

[19] Zitiert bei Pollock, A.J. *Why I believe the Bible*, London: Central Bible Truth Depot, S. 52.

[20] Siehe z.B. Ham, K., u.a.: *Fragen an den Anfang*, Bielefeld: CLV 2001. Weiterführende Literatur zu diesem Thema findet sich im Internet unter www.cbuch.de, Rubrik Schöpfung und Evolution.

[21] Koehler und Baumgartner, *Lexicon of the Old Testament*, Leiden: E.J. Bill, S. 229.

[22] Erläuterungen siehe z.B. Ham, K., *Fragen an den Anfang*, Bielefeld: CLV 2001. Weiterführende Literatur zu diesem Thema finden sich im Internet unter www.cbuch.de, Suche nach Stichwort »Schöpfung«.

[23] *Up From the Ape*, New York: The Macmillan Co. 1935, S. 332.

[24] *Life Magazin*, 7.12. 1953, S. 153. Siehe auch den Eintrag »Piltdown« in der Brockhaus Enzyklopädie, 17. Aufl. 1972.

[25] Ramm, B, *The Christian View of Science and Scripture*, Grand Rapids: W.B. Eerdmans 1956, S. 327.

[26] Pember, G.M. *Earth's Earliest Ages*, zitiert in Ramm, B., a.a.O., S. 198-199.

[27] Zitiert bei Pollock, A.J. *Why I believe the Bible*, London: Central Bible Truth Depot, S. 52.

[28] James K. Hoffmeier, *Die antike Welt der Bibel*, Gießen: Brunnen 2009.

McDowell, J., *Die Bibel im Test,* Bielefeld: CLV 2002.

Mehr unter www.cbuch.de, Rubrik »Bibelkunde und Archäologie«.

[29] J. McDowell, *Die Tatsache der Auferstehung*, Bielefeld: CLV 1993.

[30] Ryle, J.C., *Holiness*, London: Jas. Clarke & Co. 1956, S. 295.

[31] Zitiert bei Pollock, A.J. *Why I believe the Bible*, London: Central Bible Truth Depot, S. 73.

[32] Short, A.R, *The Rock Beneath*, London: InterVarsity Fellowship 1935, S. 28.

[33] Zitiert bei Brookes, J.H., *God Spake All These Words*, St. Louis, J.T. Smith, 1895, S. 51.

[34] Bellett, J.G., *Die moralische Herrlichkeit unseres Herrn Jesus Christus als Mensch*, Neustadt: Ernst Paulus Verlag, [2]1988, S. 31.

[35] Short, A.R, *The Rock Beneath*, London: InterVarsity Fellowship 1935, S. 31.

[36] Bellett, a.a.O., S. 28.

[37] Scofield, A.T., *Soul Food*, London: Pickering & Inglis, Kap. »The Same Image«.

[38] Brookes, J.H., a.a.O., S. 51.

[39] Scofield, A.T., *Christian Sanity*, New York: Armstrong & Son 1908. S. 132, 133.

[40] Anderson, R., *In Defence.*

[41] *Words of Peace*, Bd. 36, Nr. 8, Grand Rapids: Gospel Folio Press. Die beiden erwähnten Bücher sind: Lord Lyttleton, *The Conversion of St. Paul* und West, G., *The Resurrection of Jesus Christ* (New York: American Tract Society 1929).

[42] Lang, G.H., *The Epistle to the Hebrews*, London: Paternoster Press 1951, S. 247.

[43] Pollock A.J., *Is the Bible Inspired of God*, London: Central Bible Truth Depot, S. 41.

[44] Lee, R.G., *Be Ye also Ready*, Grand Rapids: Zondervan 1944, S. 20.

Tipp zum Weiterlesen

Der BibelStarter
Bibelleseplan für Einsteiger

Als Heft, 90 Seiten: 2,90 Euro
ISBN 978-3-945716-17-5

Als edle Geschenkausgabe: 11,90 Euro
ISBN 978-3-945716-20-5

Mit dem Bibellesen anfangen – aber wie? Dieser Plan zeigt den roten Faden der Bibel, führt der Reihe nach durch die wichtigsten Teile der Bibel (etwa ein Drittel der ganzen Bibel) und bietet viele Erklärungen und Hilfen.

- Dieser Plan mit Erklärungen hilft, fortlaufend die Bibel zu lesen, ohne frustriert aufzugeben.
- Man bekommt rasch einen Überblick über die ganze Bibel.
- Der Plan führt entlang der wichtigsten Bibelstellen und dem roten Faden der Bibel.
- Gottes verheißener Retter (der Messias) steht von Anfang an im Blickpunkt.

Der BibelStarter ist ein Leseplan für tägliches Bibellesen (jede Einheit erfordert ca. 5-10 Minuten Lesezeit) mit etwa 400 Einheiten, die in groben Zügen durch die ganze Bibel führen. Wichtige Begriffe wie Sünde, Glauben usw. werden beim ersten Vorkommen erklärt und Hintergründe erläutert. Alles ist sehr kurz und einfach gehalten, damit man zügig vorankommt und den Blick für das Wesentliche behält.

Weitere Buchempfehlungen

Nigel Beynon & Andrew Sach: **Tiefer graben**
Werkzeuge, um den Schatz der Bibel zu heben
Paperback · 176 Seiten · ISBN 978-3-945716-49-6 · 11,90 Euro
Ein sehr nützliches Buch insbesondere für junge Leute, das konkrete Schritte zum Lesen und Studieren der Bibel liefert. Zunächst wird das Wesen der Bibel und der Umgang mit ihr erklärt und dann werden 17 praktische »Werkzeuge« vorgestellt, um die Bibel richtig zu verstehen.

Hans-Werner Deppe: **Wie wird es in der Hölle sein?**
Taschenbuch · 94 Seiten · ISBN 978-3-935558-11-2 · nur 1,90 Euro
Falsche Vorstellungen von der Hölle werden ausgeräumt und allein die Bibel als sichere Auskunft über die Hölle herangezogen – insbesondere Jesu eigene Aussagen. Fragen werden beantwortet und auch der Ausweg vor der Hölle aufgezeigt.

Arthur W. Pink: **Was ist rettender Glaube?**
Paperback · 190 Seiten · ISBN 978-3-935558-51-8 · nur 4,90 Euro
Pink zeigt anhand der Bibel: Viele halten sich für gläubige Christen, doch ihr »Glaube« ist oberflächlich und unecht. Sie steuern in Selbstbetrug auf das Verderben zu. Was aber kennzeichnet echten Glauben und wie glaubt man »richtig«? Ein herausfordernder, hilfreicher und dringend nötiger Weckruf.

John MacArthur: **Grundlagen des Glaubens**
Ein biblischer Glaubensgrundkurs in 13 Lektionen
Din A4 geheftet · 94 Seiten · ISBN 978-3-935558-74-7 · 8,90 Euro
Die ersten Kapitel dieses leicht verständlichen und doch tiefgründigen Kurses erklären das Evangelium der Errettung durch Jesus; die weiteren Lektionen behandeln die Basics des Christseins. Sehr gut geeignet für Selbststudium, Zweierschaft, Gruppen oder Hauskreise.